Arn Strohmeyer

Als Zeus noch auf dem Ida thronte

Arn Strohmeyer, Jg. 1942, hat Philosophie, Soziologie und Slawistik mit dem Abschluss Magister studiert. Er hat als politischer Journalist bei verschiedenen Tageszeitungen und einer politischen Monatszeitschrift gearbeitet. Neben dieser Tätigkeit hat er mehrere Bücher geschrieben. Seine Themenschwerpunkte sind die kritische Aufarbeitung der NS-Zeit, Kreta/Griechenland und der Nahe Osten/Palästina. Strohmeyer lebt und arbeitet heute als Schriftsteller in Bremen (arnstrohmeyer.de).

Arn Strohmeyer

Als Zeus noch auf dem Ida thronte

Kreta und seine Mythen

Bibliografische Information Der Deutschen Bibliothek
Die Deutsche Bibliothek verzeichnet diese Publikation in der Deutschen Nationalbibliografie; detaillierte bibliografische Daten sind im Internet über http://dnb.ddb.de abrufbar.

Verlag Dr. Thomas Balistier
Egartstr. 19
D-72127 Mähringen
www.kreta-buch.de

1. Auflage Mähringen 2022
Redaktionelle Beratung: Ulla Fuchs
Umschlaggestaltung: PEAK Agentur für Kommunikation GmbH, Tübingen
Satz: die:umsetzer Agentur, Ammerbuch
Herstellung: bookpress.eu,Olsztyn (Polen)

ISBN 978-3-937108-42-1

Inhalt

Die Mythen Kretas spiegeln die große Urgeschichte der Insel wider - von den Göttern und den Menschen, die damals noch eng miteinander verbunden waren. Auch Herakles, der gewaltige Held der antiken Mythologie, hat auf Kreta gewirkt. Wegen eines Mordes, den er begangen hatte, befragte er das Orakel von Delphi, wie er seine Tat sühnen sollte. Die Pythia legte ihm nahe, nach Tiryns zu gehen, wo ihm der dortige König Eurystheus zwölf *reinigende* Aufgaben auferlegen würde, durch deren Bewältigung er sich von seiner Schuld befreien könne. Eine der Aufgaben war, den mächtigen Stier, der wild und herrenlos auf Kreta sein Unwesen trieb, zu bändigen und lebend zum König zu bringen.

Es soll derselbe Stier gewesen sein, in den Zeus sich verwandelt hatte, um am Strand in Phönizien Europa, die Tochter des dortigen Königs Agenor, zu rauben, und mit dem sich Pasiphae, die Gattin des in Knossos herrschenden Königs Minos, vereinigte und so das Ungeheuer Minotaurus gebar, das im Labyrinth hauste. Herakles überwältigte den Stier, nahm ihn gefesselt auf seinen Rücken und brachte ihn schwimmend auf das Festland zu König Eurystheus. Dort konnte der Bulle sich befreien und raste nun alles verwüstend durch Griechenland, bis der athenische Held Theseus ihn bei Marathon erlegen konnte.

Als Herakles alle zwölf Aufgaben erfolgreich bewältigt hatte, machte Zeus ihn zur Belohnung zum Gott auf dem Olymp. Und die kretische Hauptstadt trägt zum Dank für seine heldenhaften Taten noch heute den Namen Heraklion.

Vorwort

Auf meinen Wanderungen und Fahrten durch Kreta hatte ich immer einen treuen Begleiter: den Mythos. Die Landschaften der Insel - Berge, Felsen, Ebenen, Küsten, das Meer, selbst der Himmel und natürlich die steinernen Ruinenfelder aus der fernen Vergangenheit - sind angefüllt, ja gesättigt mit Mythen, wie sie wohl keine andere Insel des Mittelmeeres aufzuweisen hat. Auch die Schwester des Mythos, die Geschichte, ist immer mit anwesend, wenn man auf Kreta unterwegs ist. Mythos und Geschichte ergeben im Bunde mit der grandiosen Natur und den liebenswerten, gastfreien Menschen das faszinierende Flair dieser Insel, von dem man, wenn man es einmal in sich aufgenommen hat, ein Leben lang nicht mehr loskommt.

In diesem Sinn kann Kreta süchtig machen, aber es ist eine Sucht, die nicht zu kranker Abhängigkeit führt, sondern unendlich bereichernd und voll lebensspendender Energien ist. Daran hat der kretische Mythos seinen beträchtlichen Anteil. Denn es sind nicht irgendwelche Mythen, die einem hier begegnen: Kretas Mythen sind der Ausgangspunkt des antiken griechischen Götterpantheons, was wiederum das Bewusstsein des Abendlandes über die Jahrhunderte bis heute fasziniert und bewegt, seine Fantasie angeregt und sein Wissen bereichert hat.

Die Erzählungen des kretischen Mythos - man denke nur

an die phönizische Königstochter Europa und ihr Schicksal - haben ganz wesentlich dazu beigetragen, dass Europa eine wenn auch unvollkommene und fragile Vorstellung von seiner politischen und kulturellen Einheit gewonnen hat. Wenn es dereinst zu einer wirklichen europäischen Identität kommen wird (und diese Entwicklung ist unerlässlich), dann kann man mit Gewissheit sagen: Der Anfang für diesen langen Weg lag auf Kreta.

Diesen Weg des Mythos ein großes Stück mitzugehen, seine Stationen abzuschreiten und nachlebend und deutend zu verstehen, ist das Anliegen dieses Buches. In einer hoch technisierten, rational durchorganisierten Welt scheint der Mythos seine Bedeutung verloren zu haben. Die alten Geschichten von den Göttern und Göttinnen, Helden und Menschen, die mit ihnen zu tun haben, werden eher belächelt, als dass ihnen für das Verstehen von Leben und Welt noch eine Daseinsberechtigung eingeräumt wird. Dass der Mythos keineswegs tot ist, sondern auch die Moderne ständig ihre eigenen Mythen schafft, sei hier nur am Rande erwähnt.

Allen antiken Mythen wohnt so gut wie immer ein historischer Kern inne, den es aufzudecken und zu verstehen gilt (was oft nicht leicht ist). Der Mythos sagt also viel über unsere - eben die menschliche Geschichte - aus. Und ohne Verständnis der Vergangenheit kann es keine humane menschliche Identität geben. Ganz ähnlich wie die Historiker und die Mythenforscher argumentieren die Kenner der menschlichen Seele: die Psychoanalytiker.

Für sie sind Mythen genauso wie Märchen und Träume Ausdrucksformen einer universalen Sprache - einer vergessenen Sprache, die von vielen nicht als sinnvoll und deshalb als unwichtig angesehen wird. Diese Ignoranz und Unkenntnis dürfen aber kein Hinderungsgrund sein die Weisheit der Mythen zu verstehen. Mit der Kenntnis der Mythen kommen wir mit einem wichtigen Teil unseres Selbst in Berührung. So hat es der Psychoanalytiker Erich Fromm formuliert.

Er betont, dass in den Mythen sehr wertvolle Erinnerungen an die menschliche Vergangenheit enthalten sind. Wenn man diese Vergangenheit verstehen will, muss man die Symbolsprache erlernen, in der Mythen sich ausdrücken. Fromm beschreibt sie so: „Die Symbolsprache ist eine Sprache, in der innere Erfahrungen, Gefühle und Gedanken so ausgedrückt werden, als ob es sich um Wahrnehmungen, um Ereignisse in der Außenwelt handelte. Es ist eine Sprache, die ein andere Logik hat als unsere Alltagssprache, die wir tagsüber sprechen. Die Symbolsprache hat eine Logik, in der nicht Zeit und Raum die dominierenden Kategorien sind, sondern Intensität und Assoziation. Es ist die einzige universale Sprache, die die Menschheit je entwickelt hat und die für alle Kulturen im Verlauf der Geschichte die gleiche ist. Es ist eine Sprache sozusagen mit eigener Grammatik und Syntax, eine Sprache, die man verstehen muss, wenn man die Bedeutung von Mythen, Märchen und Träumen verstehen will." (Fromm 1949)

Ergänzend zu Fromms Ausführungen kann man sagen: Der Mythos ist Sinnbild, Symbol beziehungsweise verhüllte Andeutung einer Wahrheit. Er ist ein *Als ob*, ein Bild, ein dichterisches Gedankenspiel, das einen tieferen Gehalt andeuten aber nicht erschöpfen und endgültig fixieren kann. Das Gegenteil des Mythos ist das Dogma, das eine geglaubte, nicht aus der empirischen Erfahrung, sondern aus der Offenbarung stammende Wahrheit nicht nur andeutet, sondern festlegt und fixiert - und letztlich diese Wahrheit selbst sein will. Der Mythos lebt, entwickelt sich weiter, nimmt nie eine endgültige Form an: Hier genau liegt der Unterschied zwischen Mythos und religiösem Dogma.

Begibt man sich in die Welt der griechischen beziehungsweise kretischen Mythen, dann kommt das einem Gang durch das Labyrinth gleich. Denn Mythen sind zunächst ein unübersichtliches, schwer überschaubares und geheimnisvolles Reich von Orten und Personen und Ereignissen. Darüber ist ein anderes abgehobenes Reich von Heroen, unsterblichen Göttern und Göttinnen angesiedelt. Es ist ein Reich großer Taten, unwahrscheinlicher Begebenheiten, voller Grausamkeiten und Brutalität, aber auch angefüllt mit Schöpfergeist, Schönheit und Liebe. Die Unsterblichen auf dem Olymp und die Menschen standen in engem Kontakt miteinander - anders als später im Christentum, wo der eine von den Erdenbewohnern abgehobene Gott für die Menschen unnahbar ist. Im Mythos konnten sterbliche Menschen sogar über das Zwischenstadium des Heroentums, wie etwa Herakles, zu den Göttern aufsteigen.

Um in dieses mythische Reich einzusteigen, braucht man einen Faden- oder Wollknäuel, wie Ariadne es dem Theseus übergab, um sich in diesem Labyrinth zurechtzufinden. Historiker, Archäologen, Anthropologen, Religionswissenschaftler und Philologen und - wie erwähnt - die Psychoanalytiker haben auf ihrem jeweiligen Gebiet Beiträge zur Entschlüsselung der Mythen geleistet, sodass sich folgendes definitorisches Bild ergibt: Mythen (von altgriechisch *Mythos - Wort*) sind Erzählungen und Geschichten, die anonym und zuerst mündlich tradiert sind und von Göttern, Dämonen, Heroen und Ereignissen in der historisch nicht unmittelbar fassbaren Vorzeit handeln. Sie werden je nach Landschaft und politischer und sozialer Verfasstheit der jeweiligen Gemeinschaft in verschiedenen Variationen überliefert und erzählt. Sie sind also nie an ein starres Dogma gebunden.

Mythen deuten in religiöser Färbung die Vorgänge der Natur und des Menschenlebens, geben eine Erklärung für die Entstehung der Welt (Kosmologie) und stiften, indem sie die Vergangenheit als Erklärung für die Gegenwart benutzen, auch Sinn. So gesehen vermitteln sie ein umfassendes Weltbild auf dem Kenntnisstand der jeweiligen Zeit, sie sind also, bevor es eine systematische wissenschaftliche Erkenntnis gab, sozusagen eine erste Philosophie.

Mythen sind immer eng mit der Religion und ihrem Kult verbunden, sie bestätigen und beglaubigen zeitgenössische Normen und religiöse Praktiken, sie haben also auch konservierenden Charakter, indem sie das Hier und Jetzt legitimieren. Durch die mündliche Darbietung von Sängern und Rhapsoden sowie durch die Darstellung von Mythen im Kult, versicherte man sich immer wieder der aktuellen Gültigkeit der mythischen Inhalte.

Der Althistoriker Karl Wilhelm Weeber hat eine durch diese Fakten erweiterte sehr prägnante Definition des Mythos formuliert: „Mythen sind tradierte und traditionelle Geschichten, es sind gute Geschichten, spannend, farbig, emotional, gehaltvoll, mit Tiefgang und einer Bedeutung, die über die konkret erzählte Situation hinausweist und ins Allgemeine gewendet werden kann (nicht muss). In Mythen konzentrieren sich Welterfahrung, Weltwissen und Weltdeutung, häufig in einer bildhaften Reduktion des Komplexen und Komplizierten. Mythos ist ein Kern, der es gewissermaßen in sich hat, der zu Fragen provoziert und der sich je nach Frage in ganz unterschiedlicher Weise entfaltet. Der Mythos ist die Vorstufe zum Logos, einerseits. Andererseits lebt er mit ihm über die Jahrtausende hinweg in friedlicher Koexistenz. Im Unterschied zum Logos braucht sich der Mythos nicht zu rechtfertigen, er trägt seine Begründung und Plausibilität in sich selbst. Der Logos dagegen ist auf seine Argumentationskraft, auf Belege und begründete Hypothesen angewiesen. Er muss methodisch transparent sein und Rechenschaft ablegen. Der Logos ist Wissenschaft, der Mythos ist Märchen." (Weeber 2012, 94)

Es heißt, dass der Mythos durch seine erfolgreiche und gelungene rationale Deutung seine Kraft einbüßt. Ich kann dieser Feststellung nicht zustimmen. So wie die richtige Interpretation eines Traumes zur Selbsterkenntnis und damit zur Steigerung des Selbstbewusstseins beitragen kann, verhält es sich auch mir der Entmythologisierung eines Mythos. Als Heinrich Schliemann nach den mythischen Angaben Homers, die man bis dahin für reine Fantasie gehalten hatte, Troja am Hellespont und Arthur Evans Knossos auf Kreta nahe Heraklion wirklich gefunden hatten, tat das dem Mythos keineswegs Abbruch. Ganz im Gegenteil. Auch oder gerade deswegen, weil die beiden Ausgräber den wahren historischen Kern dieser Erzählungen Homers bestätigt gefunden hatten, nahmen die Begeisterung und die Faszination für die Welt der Mythen, ihre Ausdeutung und die Grabungserfolge der Archäologen ungeahnte Ausmaße an. Diese Faszination hat bis heute nichts von ihrer Wirkung eingebüßt.

Kreta hat eine überaus lange, äußerst bunte, zum Teil auch sehr grausame Geschichte. Will man die Totalität dieser Insel verstehen, muss man beiden Elementen - der Geschichte und dem Mythos sowie den Zusammenhängen von beiden - seinen Tribut zollen. Erst dann kann man dem Zauber dieses Eilandes gerecht werden. Als Beitrag zu diesem Ziel ist dieses Buch gedacht.

Arn Strohmeyer

Bremen im Sommer 2021

Erstes Kapitel

Die griechische Götterwelt und ihre Verbindung nach Kreta

Am Anfang war das Chaos, die gähnende Leere, so heißt es in der *Theogonie* des griechischen Schriftstellers Hesiod (7. Jhd. v. Chr.) der den ersten vollständig erhaltenen Text über die Entstehung der Weltordnung verfasst hat. Als Quelle seiner Ausführungen über die Schaffung des Universums gibt er die Musen an, die Göttinnen der Dichtkunst. Sie hätten ihn inspiriert. Hesiods Kosmogonie ist eng mit den Kämpfen der Götter um die Herrschaft verbunden (Tripp 1981)

Aus dem Chaos werden die Erdgöttin Gaia, Eros der Gott der Liebe und Tartaros geboren. Letzterer verkörpert den tiefen Abgrund so weit unter der Erde, wie der Himmel über ihr steht. Ohne Vereinigung mit einem männlichen Partner gebar Gaia Uranos (den Himmel) und Pontos (das Meer). Dann heiratete sie Uranos (Inzucht war unter den Göttern also durchaus üblich) und gebar ihm die Titanen (ein Göttergeschlecht von Riesen), die einäugigen Kyklopen und die Hekatoncheiren - Riesen, von denen jeder fünfzig Köpfe und hundert Arme hatte. Zu den Titanen gehörten u. a. Okeanos, der Gott des fließenden Wassers, der Sonnengott Hyperion, die Erdgöttinnen Themis und Rhea, Mnemosyne, die Personifikation des Gedächtnisses, und Kronos, der jüngst, kühnste und verschlagenste unter den Titanen.

Uranos hasste die Kyklopen und die hundertarmigen Ungeheuer wegen ihrer Stärke oder ihres schrecklichen Aussehens. Er verbarg sie deshalb in Gaias Körper, der Erde, was ihr große Schmerzen bereitete. Gaia wollte sich von ihren Leiden befreien und ersann eine List. Sie fertigte eine Sichel an, die sie Kronos anvertraute. Dieser kastrierte Uranos, als er nachts bei seiner Frau lag. Uranos stand von da an, von Gaia getrennt, auf seinem himmlischen Platz hoch über der Welt. Die Entstehung der göttlichen Urmächte war damit zu ihrem Ende gekommen. Die Welt konnte nun ihre Ordnung finden.

Die blutige Tat des Kronos hatte aber Folgen: Die abgetrennten Geschlechtsteile des Uranos fielen ins Meer (Pontos) und vermischten sich mit seinem Schaum, aus dem die Liebesgöttin Aphrodite hervorstieg. Uranos' Blutstropfen fielen auf die Erde und brachten die Erynnien (Rachegöttinnen), die Giganten und die Nymphen hervor. Mit diesen Schöpfungen waren aber die Gewalt und die Liebe in die Welt gekommen. Der Kampf um die Macht unter den Göttern begann nun erst richtig.

Kronos, der nun über die Titanen, seine Brüder und Schwestern herrschte, erwies sich als ebenso großer Tyrann wie sein Vater Uranos. Dieser und Gaia warnten ihn und sagten voraus, dass einer seiner Söhne ihn eines Tages vom Thron stürzen würde. Daraufhin verschlang Kronos seine Kinder Hestia, Demeter, Hera, Hades und Poseidon, die ihm seine Schwester, die Titanin Rhea, geboren hatte. Gaia half Rhea, ihr jüngstes Kind Zeus vor Kronos zu verbergen, indem sie ihm statt des Kindes einen in Windeln gewickelten Stein zu verschlingen gab. Als Zeus herangewachsen war, zwang er Kronos, seine Geschwister wieder auszuspeien.

Zeus musste nun noch, bevor er die Herrschaft auf dem Olymp endgültig erobern konnte, gegen die Titanen kämpfen. Er besiegte sie in einem langen Krieg und warf sie in den Tartaros, wo sie von den hundertarmigen Ungeheuern bewacht wurden. Außerdem stand seiner Machtergreifung noch das Ungeheuer Typhon im Wege, ein grässliches Geschöpf mit hundert feuerspeienden Schlangenköpfen, das mit den Stimmen von Menschen und Tieren sprechen konnte.

Typhon wollte die Götter absetzen und selbst das Universum beherrschen. Zeus bekämpfte das Monster mit Blitzen und zerschmetterte es, indem er einen Berg auf es warf und dann die Bestie auch in den Tartaros warf.

Die olympischen Götter betrauten Zeus nun mit der Königsherrschaft auf dem Olymp, und er verteilte die Aufgaben und Funktionen unter sie. So leitete er eine Herrschaft des Friedens und der Gerechtigkeit ein, schreibt Hesiod. Am Ende seiner Theogonie sind der *Kosmos* (das Wort bedeutet im Altgriechischen *Ordnung*), die Welt der Götter und die Welt der Menschen endgültig eingerichtet.

Zeus' *Kinderstube* im Ida-Gebirge

Die Nida-Hochebene im Ida-Gebirge ist eine Urlandschaft; sie erweckt den Eindruck, als habe sich seit der Zeit der Götter nichts verändert. Ich bin jedes Mal wieder fasziniert von diesem archaischen Ort, wenn ich dorthin komme. Der Mythos, der den heutigen Menschen oft fremd und esoterisch erscheint, ist hier noch archaische Realität. Hier scheinen

Eine mythische Urlandschaft im Ida-Gebirge: die Nida-Hochebene.

die Götter wirklich gegenwärtig zu sein wie nur an wenigen Plätzen in Hellas. Hier spürt man es noch, dass dieses Plateau mit den sie umgebenden Bergen am Fuße des höchsten Gipfels (Timios Stavros 2456 Meter) einst Götterland war. Hier versteht man noch unmittelbar, warum die Alten ausgerechnet hierhin so wichtige mythische Geschehnisse verlegt haben. Das Zusammenspiel von Bergriesen und grandioser Ebene fordert den Mythos geradezu heraus.

Der Satz des Kreters Nikos Kazantzakis fällt mir ein: „Der Mythos ist der einfache zusammenfassende Ausdruck der positiven Wirklichkeit." (Kazantzakis 1977) Und ein anderer Satz, den Thomas Mann in seiner Rede zur Feier des 80. Geburtstages von Sigmund Freud sagte: „Die Urgründe der Menschenseele sind zugleich auch Urzeit, jene Brunnentiefe der Zeiten, wo der Mythos zu Hause ist und die Urnormen, Urformen des Lebens gründet. Der Mythos ist Lebensgründung: er ist das zeitlose Schema, die fromme Formel, in die das Leben eingeht, indem es auch dem Unbewussten seine Züge reproduziert." (Mann 1936) Auf der Nida-Ebene, das macht diese Urlandschaft so einmalig, ist alles Symbol und Chiffre für das Ewige.

Ein kühler Wind kommt auf. Schafherden ziehen über den schon unzählige Male abgefressenen Grund der ausgetrockneten und rissigen Ebene. An den Berghängen klettern Ziegen und suchen in der Macchia nach Äsung. Merkwürdig: Das Scheppern ihrer Glocken stört nicht das Empfinden der Stille. Aber dieser Lärm ruft den Mythos in Erinnerung, der dem Ort zugeschrieben wird: Der neugeborene Zeus wird von seiner Mutter Rhea vor den Nachstellungen seines Titanen-Vaters Kronos gerettet, der schon seine Geschwister verschlungen hat, und in die große Höhle gebracht, die oberhalb der Nida-Ebene tief in den Berg hineinreicht. Sie übergibt ihn damit der Erde und ihrer Göttin Gaia, die hier ihren Sitz hat. Berggeister - die Kureten - tanzen um die Grotte, trommeln und schlagen ihre Speere mit aller Kraft auf die Schilde, um das Geschrei des jungen Gottes zu übertönen und ihn so vor der Gewalt seines Vaters zu schützen. Nymphen ziehen zusammen mit der

Ziege Amaltheia und der Biene Melissa - sie spenden Milch und Honig - den jungen Zeus groß. Noch heute sind hier oben Schafe, Ziegen und Bienen der einzige Reichtum der Hirten.

Fast ehrfürchtig wende ich mich der Höhle und ihrem großen Eingang zu und blicke in ein kalkgraues Gewölbe, das sich mit einem breiten treppenartigen Gefälle weit nach unten wie ein Theater öffnet und nichts von der Enge der Dionysos-Höhle im Parnass bei Delphi hat. Dennoch ist der Abstieg wie ein Hinabtauchen auf den Grund der Erde. Oben sind die Felsen noch von kahler bleierner Farbe, nur spärlich mit Flechten bewachsen, unten in der Tiefe bedecken moosgrüne Flecken die feuchten Wände. Auch der erdige plateauhafte Grund ist nass und modrig grün. Auf ihm erhebt sich in der Mitte der hinteren Wand eine mächtige Felssäule; rechts und links von ihr gehen kleinere Höhlenkammern ab. Vor der linken Kammer erhebt sich ein steinerner Vorhang, hinter ihm befindet sich der Eingang in die Tiefe, darüber, zwischen den wie Orgelpfeifen angeordneten Stalaktiten, ein Schacht, der zur Bergspitze zu führen oder von ihr zu kommen scheint.

Die Höhle rechts von der Säule mündet ebenfalls in die Tiefe des Berges. Wasser tropft von der Decke. Verkrüppelte Farne wachsen auf fauliger Erde, überall liegen große Flatschen Dung auf dem Boden, als flögen riesige Greife oder Fledermäuse hier ein und aus. Ich sehe aber nur winzige Vögel herumhuschen und in Felslöchern verschwinden. Zur Decke hin verjüngt sich die Höhle wie eine gotische Stalaktiten-Kathedrale. Helles und freundliches Licht flutet herein und nimmt die Beklemmung, die in dem modrigen Reich der Tiefe auf die Seele drückt. Der Mythos hat diese Höhle zur Kinderstube des mächtigsten griechischen Gottes gemacht. Er war nicht der Schöpfer der Welt, dazu war er zu jung. Die Spuren seiner Herkunft führen zu minoischen Vegetationskulten, in dieser und anderen Höhlen Kretas, aber auch - wie die seines Sohnes Apoll - zu den indoeuropäischen Einwanderern um 1200 v. Chr., die die Herrschaftsform des Patriarchats mitbrachten.

In diese uralte Kult-Höhle hat der Mythos die Kindheit des späteren Göttervaters Zeus verlegt.

Die Vorstellung, dass dieses große Felsenloch im Verstehen und Erklären der Welt bei den Menschen von einst eine so große Rolle gespielt hat, ist für uns später Geborene äußerst merkwürdig, und wir mögen darüber lächeln. Aber der Mythos hatte damals eine wichtige Funktion. Durch seine Zeichen, Symbole, Bilder und Geschichten versuchte er, in das Unerklärliche Licht zu bringen und bewahrte die Menschen so vor den Abgründen des Nichts - vor dem Einbruch des Unbegreiflichen und Schrecklichen, vor der Ungewissheit und Rätselhaftigkeit von Natur und Kosmos.

Mit dem Mythos kompensierte der Mensch der Vorgeschichte die verloren gegangenen Instinkte des tierischen Lebens, er schuf Ordnung und Sinn und verstellte so den Blick auf die bedrohliche Absurdität des kleinen Erdenlebens, auf seine Verlorenheit in einer unendlichen kosmischen Weite. Mythos bedeutete deshalb Sicherheit und Urvertrauen, er verband Götter, Menschen und die Natur in ein ewiges Gesetz von Schicksal, Kreislauf, Herrschaft und Notwendigkeit. Damit verwoben, hatte die mythische Welt stets auch ihre abgründigen, grausamen und schrecklichen Seiten. Das darf man nicht leugnen.

Ich steige den Schotterweg von der Höhle wieder herab, betrete die große Ebene und überquere ihren braunen kargen Grund, in den die Trockenheit des Sommers tiefe Klüfte gerissen hat. Obwohl es kaum noch nährendes Grün gibt, ziehen die Schafe und Ziegen meckernd und blökend vorüber. Ich wandere zur Südseite der Ebene hinüber, wo die Berge nicht so steil wie bei der Zeus-Höhle aufragen, sondern eher allmählich und sanft ansteigen und mit dichter Macchia bewachsen sind. Am Fuße dieser Hänge liegen auf dem Boden der Ebene dicht beieinander Steinblöcke - große, kleine, flache, hohe, glatte, runde, poröse, durchlöcherte - hingeworfen und aufgetürmt wie von Zyklopenhand. Ein Chaos steinerner Urwelt, dessen Struktur und Ordnung sich dem Betrachter erst erschließt, wenn er ein paar Schritte den nahen Berghang hinaufsteigt. Ein tanzender Engel, ein fliegender Ikarus breitet seine großen Flügel aus, streckt den einen Arm der Macchia der Anhöhe entgegen und hebt ein Bein anmutig zum Reigen.

Der Platz des Liegenden ist mit Bedacht gewählt: horizontal zwischen den beiden Bergfüßen und axial gegenüber der Zeus-Höhle. Mythos und historisches Bewusstsein sind in dem Steinriesen (32 x 9 Meter), den die Berliner Künstlerin Karina Raeck geschaffen hat, eine einmalige und dem Ort gemäße Symbiose eingegangen: Fasziniert von der „urwelthaften und beinahe magischen Materie eines wahrhaft phantastischen Gesteinskosmos“ fand sie sich ebenso „gebannt von einem noch überall spürbaren Göttermythos inmitten einer wilden, von jahrhundertealten Freiheitskämpfen, Schmerz und Liebe verwundeten Stille.“ (Raeck 2016) Karina Raeck hat alle diese Elemente in ihrer Skulptur verdichtet: den Mythos von Zeus, der in der Höhle gegenüber von seiner Mutter versteckt und von den tanzenden, musizierenden und lärmenden, engelhaft geflügelten Kureten abgeschirmt wurde.

Magie und Mythos des Ortes setzen sich bis in die Gegenwart fort: In den Kämpfen mit den deutschen Invasoren im

Der *Athantos Andartis - der Unsterbliche Partisan des Friedens*, die Steinfigur der Berliner Künstlerin Karina Raeck, die eine Mahnung für ein Leben ohne Krieg und Gewalt sein soll.

Zweiten Weltkrieg, der auch hier oben stattfand, erlitt ein Partisan schwere Verletzungen, sein Leib und sein Brustkorb wurde aufgerissen, er überlebt in einer der Grotten im Gebirge, wo ihn Angehörige heimlich pflegten und versorgten. Karina Raeck nennt ihre Figur deshalb *Athanatos Andarti tis Irini* (den *Unsterblichen Partisanen des Friedens*). Und deshalb geht durch dessen Leib ein tiefer Riss, den sie mit dem schrundig-porösen, bizarr-rauen Gestein gestaltet hat: Symbol für Verwundung und Verletzung, Metapher aber auch für die Gespaltenheit des Griechentums bis heute - sowie Mahnung zu Versöhnung und Frieden.

Heute ist der Andartis ein Teil der Nida-Ebene und der magischen Gebirgswelt ringsum geworden. Große Disteln wachsen zwischen den Blöcken, die Macchia beginnt den Arm des Riesen zu überwuchern. Das genau ist es, was Karina Raeck will: den Andartis der Natur des Ida-Gebirges übergeben. Was wird von ihm bleiben? Bescheiden sagt sie: „Eine Naturmetapher - nur die Spur einer Idee hinterlassend, die nun nicht den Menschen allein, sondern dem ganzen Kosmos gehört." (Raeck ebd.)

Ohne die Minoer hätte es Zeus gar nicht gegeben

Es ist wohl kein Zufall, dass der griechische Mythos die Geburt des Zeus nach Kreta verlegt hat. Denn die Minoer hatten auf der Insel die erste europäische Hochkultur hervorgebracht, und deshalb war ihre politische, wirtschaftliche und kulturelle Ausstrahlung beträchtlich. Kreta wies in der Frühzeit Griechenlands einen viel höheren kulturellen Standard auf als das Festland. Da der Mythos immer auch die gesellschaftliche und politische Entwicklung einer Gemeinschaft widerspiegelt - hier die Dominanz des minoischen Kretas -, mussten die Griechen den Anfang des Pantheons ihrer Götter auf diese Insel verlegen. Die mythische Phantasie lässt Zeus in der großen Höhle (Diktäische Grotte) am Rande der Lassithie-Hochebene zur Welt kommen und seine Kindheit in der Höhle im Ida-Gebirge verbringen.

Man muss einen Blick auf die frühe Geschichte Kretas werfen, wenn man die Herkunft und die Anwesenheit des Zeus auf der Insel verstehen will. Die Minoer, die der Wissenschaft noch viele Rätsel aufgeben, beherrschten die Insel etwa von 3200 bis 1450 v. Chr. Die Archäologen haben ihre Zeit auf Kreta nach ihren Palastbauten und deren Zerstörung in drei Phasen eingeteilt: die Vorpalast-Zeit von ca. 3200 bis 2100 v. Chr., die ältere Palastzeit von ca. 2100 bis 1700 v. Chr. und die jüngere Palastzeit von ca. 1700 bis 1450 v. Chr. Es gibt nach heutigem Wissen die großen Paläste Knossos, Phaistos, Malia und Kato Zakros.

Kreta wurde in dieser Zeit - wie auch später - immer wieder von schweren Naturkatastrophen heimgesucht. Um das Jahr 1700 v. Chr. zerstörte ein verheerendes Erdbeben die minoischen Paläste, die Altpalastzeit erfuhr ein abruptes Ende. Um das Jahr 1615 v. Chr. explodierte der Vulkan auf Santorin - der Zeitpunkt wurde mit der Radiokarbon-Methode festgestellt -, eine gewaltige Detonation, die auch Kreta mit Flutwellen und Aschenregen erreichte und große Schäden anrichtete.

Wissenschaftler schließen nicht aus, dass der Untergang der minoischen Hochkultur mit dieser Katastrophe zusammenhängt. Sie überdauerte aber noch anderthalb Jahrhunderte. Um 1450 v. Chr. muss es große Brände und Zerstörungen auf Kreta gegeben haben, von denen nur der Palast von Knossos verschont blieb. Es ist ungewiss, ob Erdbeben, kriegerische Auseinandersetzungen oder soziale Unruhen die Ursachen waren. Denn die mykenischen Festlandsgriechen schickten sich um diese Zeit an, die offensichtliche Krise der minoischen Herrschaft auszunutzen und Kreta zu erobern, was ihnen auch gelang.

Eine andere Theorie besagt, dass die minoische Kultur auch nach 1450 v. Chr. noch weiter existierte, sogar eine Blütezeit erlebte. In dieser Zeit von 1450 bis 1350 v. Chr. (die dritte Palastzeit) gab es offenbar eine friedliche Koexistenz zwischen Minoern und Mykenern, weshalb man auch von der kreto-mykenischen Epoche spricht, denn die Kulturen beider Völker waren eine enge Symbiose eingegangen. Erst nach 1350 v. Chr. sind dann die Mykener die vollständigen Herren der Insel. Ihre Herrschaft wurde dann sowohl auf dem Festland als auch auf Kreta von dem Einfall der Seevölker und später durch das Vordringen der Dorer aus dem Norden endgültig beendet.

Für die Entwicklung der griechischen Religion und damit auch des Mythos waren diese Entwicklungen von großer Bedeutung. Denn die griechischen Mythen sind eigene Kreationen, die Griechen besaßen ja nur sehr geringe Kenntnisse von der untergegangenen minoischen Kultur. Zudem lagen viele Jahrhunderte zwischen dem minoischen Kreta und der hellenischen Antike. Dennoch haben die religiösen Vorstellungen der Minoer deutliche Spuren in den griechischen Mythen hinterlassen, aber diese Spuren wurden von den langen zeitlichen Zwischenräumen überdeckt und verändert, vielleicht waren auch Fälscher am Werk. All das macht den Nachweis der minoischen Einflüsse auf die griechische Mythologie schwierig, aber nicht unmöglich. Auch und gerade die Herkunft des Zeus tritt dadurch deutlicher ins Bild.

Wie aus dem minoischen Vegetationsgott der olympische Zeus wurde

Im Mittelpunkt der minoischen Religion stand der Fruchtbarkeitszyklus. Das für die Minoer geheimnisvolle Mysterium einer sich ständig verändernden Natur führte bei ihnen zur Vergöttlichung der Naturkräfte. Zwei zentrale göttliche Gestalten standen im Zentrum ihres Kultes: die große Mutter- und Erdgöttin, die als Verkörperung der Natur selbst verstanden wurde; die Fruchtbarkeit der Natur wurde in einer jungen männlichen aber sterblichen Göttergestalt vorgestellt: im Gatten der Muttergöttin oder dem heldenhaften Sakralkönig. Mit ihm feierte die Mutter- oder Erdgöttin im Frühjahr, wenn die Natur sich erneuerte, die *Heilige Hochzeit (hieros gamos)*. In der herbstlichen Erntezeit, wenn die Kraft der Natur zur Neige ging, wurde der junge Heros-Gott symbolisch geopfert. Das Blut, das beim Opfer floss, war die Garantie für seine Neu- oder Wiedergeburt im nächsten Frühjahr und es verhalf auch den Menschen zu neuem Leben.

Der griechische Früh-und Vorgeschichtler Stylianos Alexiou erklärt, warum dieser Vegetationszyklus die allgemeine Grundlage der altkretischen Religion ist: „Die Technik hat den modernen Menschen der Natur entfremdet, und der Kreislauf der Jahreszeiten berührt den Städter kaum. Fast niemand bemerkt oder beachtet Saat und Ernte. Für den Menschen der Frühzeit lagen die Dinge grundsätzlich anders. Die Abfolge der Jahreszeiten und das geheimnisvolle Phänomen des Wachsens und Vergehens der Pflanzen bewegten ihn zutiefst, denn damit war seine Existenz unmittelbar verknüpft. Mit Bangen verfolgte er das jährliche Sterben der Natur, ängstlich fragend, ob die Bäume je wieder Früchte tragen würden, ob im kommenden Frühling die in die Erde gelegte Saat wieder aufgehen würde. Die unverhoffte Wiederkehr erfüllte ihn mit unsäglicher Freude. Vereinfachend können wir sagen, dass der Wechsel dieser Empfindungen zur Personifikation der Vegetation als göttliches Kind oder jugendlicher Gott führte, der jedes Jahr stirbt und wieder aufersteht. Die schöpferische Kraft der Natur nahm andererseits die Züge einer großen Mutter an, die auch als Gemahlin des jungen Gottes erscheint. Die Heilige Hochzeit, die Vereinigung der Göttin mit dem Gott, der gewöhnlich kurz nach seiner Hochzeit stirbt, symbolisiert die Befruchtung der Erde." (Alexiou 1967)

Die große Muttergöttin tritt in vielen Gestalten auf: auf Berggipfeln wird sie inmitten von Löwen dargestellt, sie erscheint als Gebirgsmutter, Königin der wilden Tiere, Göttin der Schlangen oder des heiligen Baumes, der Vögel oder der Blumen. Bisweilen wird sie auch als kriegerische Gottheit mit Schild und Schwert oder als Meeresgottheit abgebildet, die auf einem heiligen Schiff reist. Im Kult der Minoer wird vor allem ihr Erscheinen, ihre Epiphanie ersehnt.

Bedeutsam ist, dass die minoische Religion keine Tempel, Statuen, Reliefs oder monumentale Götterstandbilder kannte. Der religiöse Kult fand im Freien statt, auf Berggipfeln und in Höhlen, die als heilig galten, oder in Schreinen innerhalb der Paläste. Heilige Höhlen waren die Grotte oberhalb der Nida-Ebene und die Kamares-Höhle (beim Dorf Kamares) im Ida-Gebirge, die Dikte-Höhle und die Höhle von Eileithias nahe Heraklion. Entsprechend ihrer Naturreligion waren Bäume (oftmals Olivenbäume), die heiligen Hörner der Stiere, die Doppelaxt (*Labris*), das Kreuz in vielen Formvarianten und das heilige Schiff Symbole der Anbetung.

Dies geschah auf verschiedene Weise: in flehentlicher Haltung, mit religiösen Tänzen, mit Opfergaben (besonders die ersten Feldfrüchte im Frühjahr, aber auch Tiere), mit Wettkämpfen und akrobatischen Künsten, zu denen auch das Stierspringen gehörte. Bei dieser gefährlichen Zeremonie wird der Stier, wenn er angreift, in einem Sprung an den Hörnern gepackt, um dann mit einem kraftvollen Aufschwung über den Nacken des Tieres mit den Händen oder den Füßen auf dessen Rücken zu landen, sich dort abzustoßen und von einem anderen bereitstehenden Stierspringer oder Stierspringerin aufgefangen zu werden.

Viele Merkmale und Symbole der minoischen Religion

finden sich dann in der griechischen Religion und im griechischen Mythos wieder - etwa die Verehrung des Zeus und der Athene. Zeus stammte ursprünglich aus dem indoeuropäischen oder auch nahöstlich-semitischen Kult; er wurde dort als Himmels- oder Wettergott verehrt. In der spätminoischen beziehungsweise mykenischen Zeit und nach der Invasion aus dem Norden wuchsen die Gestalten des minoischen Vegetationsgottes und des Himmels- und Wettergottes zusammen. Der Zeus der klassischen griechischen Zeit, der auf dem Olymp mit dem Blitz in der Hand herrschte und sogar der Herr über das ganze Universum wurde, behielt einige Merkmal aus der minoischen Epoche, etwa die Nähe zum Stier, dem Symbol der Fruchtbarkeit.

Zeus' Abstammung vom minoischen jungen Heldengott kommt auch darin zum Ausdruck, dass die Kreter annahmen, dass dieser Gott nach seinem Tod auf dem Gipfel des Juchtas bei Archanes beigesetzt wurde, obwohl der griechische Zeus doch unsterblich sein sollte. Der Widerspruch löst sich ohne Schwierigkeiten auf: Auf dem Juchtas befindet sich die Grabstätte des sterblichen minoischen Fruchtbarkeitsgottes, der später der griechische Göttervater Zeus werden sollte. Der aber blieb weiter unsterblich.

Auch andere Göttergestalten der griechischen Mythologie leiten sich von der minoischen Religion her. So wird Rhea, die Mutter des Zeus, mit der altkretischen Mutter- und Erdgöttin in Verbindung gebracht, eine Göttergestalt, die auch in Anatolien und im Vorderen Orient verehrt wurde. Auch die Nymphen - verkörperte Naturkräfte - stammen sicher aus der minoischen Naturverehrung.

Die Einwanderer aus dem Norden brachten das Patriarchat mit

Aus der Tatsache, dass Frauen in der minoischen Gesellschaft und in der Religion nicht nur eine wichtige, sondern offenbar auch eine vorherrschende Rolle gespielt haben, ist gefolgert worden, dass es sich bei dieser Gesellschaft um ein Matriarchat gehandelt habe. Die Mehrheit der Wissenschaftler geht heute davon aus, dass es in dieser Gesellschaft friedliche, eventuell auch egalitäre Geschlechterbeziehungen gab, dass es sich jedoch nicht um ein Matriarchat handelte.

Sehr bedeutsam für die Entwicklung des griechischen und kretischen Mythos ist, dass sich in der kreto-mykenischen Zeit - also ab 1450 v. Chr. - und durch die indogermanische Einwanderung in Hellas ab etwa 1200 v. Chr. (der Seevölker und der Dorer, vielleicht waren letztere auch ein Teil oder Ausläufer der Seevölkerinvasion) zum Ende des Jahrtausends ein entscheidender Wandel in den religiösen Vorstellungen vollzieht: es findet ein fortschreitender Patriarchalisierungsprozess statt. Was ein Beleg dafür ist, wie sich gesellschaftliche Veränderungen im religiösen und mythischen Überbau von Gesellschaften widerspiegeln.

Die Eroberer aus dem Norden und Osten waren eindeutig patriarchalisch orientiert. Der Schriftsteller und Mythenforscher Robert von Ranke-Graves beschreibt die Schritte dieser Entwicklung: Einer stark von Frauen dominierten Gesellschaft (minoische Kultur) folgt eine patrilineare Gesellschaft, dann eine patrilineare sakrale Monarchie, die schließlich in einem vollkommen patriarchalischen System mündet.

Ranke-Graves schreibt: „Die frühgriechische Mythologie (der Minoer, d. Verf.) beschäftigt sich vor allem mit der Beziehung zwischen der Königin und ihren Liebhabern. Sie beginnt mit deren jährlichen oder halbjährlichen Opferung und endet mit der Zeit, in der Homers *Ilias* geschrieben wurde (um 700 v. Chr., d. Verf.) und die Könige sich rühmten: ‚Wir sind weit besser als unsere Väter!' und mit der vollständigen Verdunkelung des Königinnentums durch eine totale männliche Monarchie." (Ranke-Graves 2000, 15)

Der griechische Mythos, der auf Kreta seine Wurzeln hatte, war durch und durch männlich und patriarchalisch. Der einstige Vegetationsgott Zeus, der immer nur ein zeitweiser Geliebter der Großen Göttin war und zu einer bestimmten Jahreszeit verschwinden musste, war nun zum unumschränkten

Monarchen auf dem Olymp geworden. Göttinnen gab es im griechischen Götterpantheon natürlich auch, aber sie waren dem Monarchen untertan. Selbst die mächtigste Göttin, Athene, verdankte ihm ihre Existenz: Als der Göttervater sich in einer misslichen Lage befand, weil er seine erste Frau, die mit einem Sohn schwangere Metis verschlungen hatte (er fürchtete wie sein Vater Kronos von einem Sohn gestürzt zu werden), löste der Gott der Handwerker, Hephaistos, das Problem, indem er Zeus mit einem Beil den Kopf spaltete, und heraus sprang die Göttin Athene in voller Rüstung, die dann auch den Namen die *Zeus-Geborene* trug. Das männliche Prinzip dominierte nun in ganzer Linie die neue griechische Religion.

Zweites Kapitel

Als die Menschen noch in direktem Kontakt mit den Göttern standen - das griechische Götterpantheon

Der deutsche Mythenforscher Walter F. Otto (1874 bis 1958) ging davon aus, dass die griechischen Götter/Göttinnen für die Alten nicht als etwas Erfundenes oder Gedachtes vorgestellt wurden, sondern eine ganz reale Erfahrung waren. Die ursprünglichen Mythen enthalten für ihn Seins-Wahrheit, weil sie sich mit dem klaren Schauen des geistigen Auges dem Sein der Dinge öffnen. In jedem ursprünglichen Mythos, so schreibt er, offenbart sich ein Gott mit seinem lebendigen Umkreis. Der Gott, welchen Namen er auch trägt und sich von anderen Göttern unterscheidet, „ist nie eine Einzelpotenz, sondern immer das ganze Sein der Welt in der ihm eigenen Offenbarung." (Otto 1929, 8f)

In der Natur, im Tun der Menschen, vor allem aber auch in den Werken der Kunst sah Otto unmittelbare Erscheinungen der göttlichen Wahrheit des Mythos, er setzt sie mit der durch das Wort verkündeten Offenbarung - etwa in der Bibel - gleich. Er geht so weit zu sagen: „Wir stehen (im Mythos, d. Verf.) vor einem Urphänomen der religiösen Haltung. Sie selbst - ob als Gebärde, Tat oder Wort - ist das Offenbarwerden des heiligen Geistes der Gottheit." (Otto ebd.) Da muss man fragen: Glaubte er wirklich, auch heute noch der alten Götter durch reale Erfahrung teilhaftig werden zu können?

Otto vertritt hier wohl eine eher romantische Sicht des antiken griechischen Mythos. Heutige Mythenforscher gehen da sehr viel nüchterner und rationaler an dieses Thema heran. Aber auch ein moderner Autor wie der 1937 geborene italienische Philosoph Mario Vegetti konstatiert, dass die antiken Griechen das Göttliche und Heilige nahezu überall erblickten, es in ihrem täglichen Leben ständig erlebten. Vegetti zitiert Aristoteles, der berichtet, dass der alte Weise Heraklit (um 520 bis um 460 v. Chr.), als dieser einmal in seinem Haus Gäste empfing und dabei am Herd stand und sich wärmte, diese bat, ohne Zögern näherzutreten, auf den Herd wies und sagte: „Auch hier sind Götter!" (Vegetti 1996)

Die Griechen glaubten also an die Allgegenwärtigkeit des Göttlichen und hatten so gesehen ein sehr vertrautes Verhältnis zu ihnen. Ihre religiöse Erfahrung war: Die Gottheit ist nicht unerreichbar und unzugänglich, vielmehr ist gleichsam jeder bedeutende Augenblick des privaten und sozialen Lebens durch den Kontakt mit den Göttern gekennzeichnet. Die Götter begegneten ihnen in Bildern, in ihren geweihten Kulthandlungen und Geschichten, die man sich von ihnen erzählte und in denen man in ereignisreichen Fabeln Sinnbilder der menschlichen Existenz entwirft.

Die Vorstellung von der Allgegenwart der Gottheit und des Heiligen, die im Volk allgemein verbreitet war, führt dann bei den Philosophen zu der Haltung, dass, wenn das Göttliche in der Natur vorwaltet, es als Prinzip und Garant von Ordnung (Kosmos), Regel- und Sinnhaftigkeit von den Menschen auch erfahren werden kann. Die Philosophen haben also die religiösen Anschauungen des Volkes in eine bestimmte Richtung weiterentwickelt, was dann zu der philosophischen Feststellung führte, dass das Göttliche der Ordnung der Welt innewohnt.

Die Griechen kannten keine religiösen Dogmen und keine Kirche

Die griechische Religion, die sich in ihren Inhalten überschneidet, weist folgende Charakteristika auf: Erstens: Sie kannte keine göttliche Offenbarung; sie kannte auch keine Propheten und Religionsstifter; auch heilige Bücher oder Texte waren ihr fremd; es gab infolgedessen auch keine Theologie und keine Kaste, die Theologie professionell betrieb, also auch keine berufsmäßigen Priester, keine Dogmen und keine Kirche; weil das so war, konnte es auch keine Ungläubigen und Ketzer geben.

Aus dem Gesagten folgt zweitens auch, dass den Griechen die Vorstellung der Erbsünde fremd war; was auch die Idee der Erlösung ausschließt; der Mensch war nach griechischer Auffassung grundsätzlich rein; hatte er Schuld auf sich geladen, war Reinigung (*Katharsis*) möglich; auch die Frage des Weiterlebens nach dem Tod war für die Griechen nicht von großer Bedeutung, auch wenn Mysterienkulte das später anders sahen.

Ein solches Glaubenssystem hat sehr wenig mit heutigen religiösen Vorstellungen zu tun, wie sie sich durch den Monotheismus des Judentums, des Christentums und des Islam herausgebildet haben. Mario Vegetti, an den ich mich hier anlehne, meint denn auch, dass man nur schwerlich von einer griechischen Religion sprechen könne. Der von dem Philosophen Platon (428 bis 348 v. Chr.) verwendete Begriff der *Eusebia* drücke die religiöse Haltung der Griechen am ehesten aus, was übersetzt *die Pflege der Götter (Therapeia)* bedeute. Glaube an die Götter und religiös zu sein, bedeutet also, von der Existenz der Götter überzeugt zu sein und ihnen Respekt und Ehrfurcht zu zollen, indem man zu gegebener Zeit die Kulthandlungen ausführt, vor allem die Weihe der Opfer. Sie stellten einen Verzicht auf wertvolle Nahrungsmittel dar (Feldfrüchte und Tiere) und sollten die göttlichen Mächte beruhigen und gnädig stimmen.

Die Griechen kannten sehr wohl den Begriff des Heiligen, der noch stark an die minoischen religiösen Vorstellungen erinnert. Heilig waren ihnen Orte und Phänomene, an denen man das Übernatürliche spürte. Wälder, Quellen, Grotten und Berge sowie Naturphänomene wie Blitz und Donner. Von der Natur verlagerte sich das Erleben des Heiligen dann in spezielle Orte wie Heiligtümer von Heroen und in die Tempel. Diese heiligen Räume wurden dann abgegrenzt, um sie vor Entweihung und Missbrauch zu schützen.

An die Religion der Minoer erinnert auch, wenn das Heilige vor allem in natürlichen und übernatürlichen Kräften und im Willen der Götter gesehen wird. Vegetti schreibt: „Für die Griechen ist das ‚heilig' – hier in einem weiten Sinne, also mit geringer Intension und großer Extension gebraucht –, was von übernatürlichen Kräften und insbessondere vom Willen der Götter herrührt. Heilig ist demnach auch die Ordnung der Natur, der Wechsel der Jahreszeiten, die Ernten, die Abfolge von Tag und Nacht; ebenso heilig ist die unveränderliche Ordnung, die das gesellschaftliche Leben bestimmt, die regelmäßige Abfolge der Generationen, wie sie durch Eheschließungen, die Geburten, die Bestattungsriten und die Riten für die Totenverehrung gegeben ist, sowie der Fortbestand der politischen Gemeinschaften und des Machtgefüges." (Vegetti 1996, 301)

Die Riten erfüllten eine wichtige Funktion: Sie sollten das gute Verhältnis zwischen Göttern und Menschen sicherstellen und den Zusammenhalt der Gemeinschaft wahren. Wichtige Riten waren die gemeinsamen Festmahle bei den Opferhandlungen, die Sportwettkämpfe der Athleten, die Tänze und Prozessionen sowie Theateraufführungen. Alle diese Riten hatten kultischen Charakter.

Die Götter, die Dichter und der Mythos

Es gibt kein heiliges Buch in der antiken griechischen Religion, und dennoch existiert ein epischer Text, der die traditionellen mythischen Erzählungen von den Göttern und den übernatürlichen Kräften gesammelt und in sich vereint hat: Homers *Ilias*. Sie brachte in die ungeordnete polytheistische Masse von Geschichten eine gewisse Ordnung und ein dichterisches System. Diese Tat Homers war eine geistige Revolution, weil die griechische Religion so ihre historisch gewordene Ausprägung erhielt. Die handelnden Protagonisten werden nicht als abstrakte oder metaphysische Figuren geschildert, sondern als Menschen aus Fleisch und Blut, die ganz persönliche Eigenschaften aufweisen.

Da das Universum der Götter eine Widerspiegelung der konkret existierenden Gesellschaft war, heißt das auf Homer angewandt, dass seine *Ilias* ein Abbild der damaligen aristokratischen Gesellschaft darstellte, die sich selbst, ihre Ursprünge und ihre Helden feiert. Diese Aristokratie projiziert ihren Kodex von Idealen und ihre Wunschvorstellungen auf die unsterblichen Olympier und verlieh ihnen so Form und Gestalt. Die Götter erschienen nun - in dieser religiös-symbolischen Sicht - als Helden (Heroen), die das erreicht hatten, was die griechischen Aristokraten für sich anstrebten: Vortrefflichkeit (*Areté*), denn die Olympischen waren schön, intelligent und verfügten über Kraft und Macht.

Vor allem aber: Die Götter galten als unsterblich und waren dadurch unüberwindbar von den Menschen getrennt. Die Grenze zwischen Göttern und Menschen war aber dennoch durchlässig. Ständige Kontakte zwischen beiden Ebenen waren möglich, sogar Vereinigungen zwischen Göttern und Sterblichen - man denke nur an die zahllosen Liebschaften von Zeus und Apoll mit sterblichen Frauen. Auf solche Verbindungen führten griechische Aristokraten ihre Abstammung zurück, siehe Zeus, der die phönizische Prinzessin Europa entführte und durch die Vereinigung mit ihr ein großes Herrschergeschlecht auf Kreta schuf.

Dadurch, dass die Götter mit den Menschen Beziehungen eingehen, sie über Gefühle verfügen, leidenschaftlich, eifersüchtig und neidisch sein können, aber auch die Liebe kennen, verlieren sie an Allmacht und Allwissenheit. Denn die Götter müssen genau wie die Menschen auch Konflikte durchstehen und Widerstände überwinden. Zeus bleibt der absolute Herrscher auf dem Olymp, aber auch ihm sind Grenzen gesetzt. So konnte er trotz seiner großen Machtfülle über den Ausgang des Trojanischen Krieges nicht allein entscheiden.

Durch den Untergang der Aristokratie im antiken Griechenland und die Entstehung der Stadtstaaten (*Polis*) erfährt auch das Pantheon der griechischen Götter eine entscheidende Wandlung: Es wird in die Polis integriert, die Unsterblichen werden Repräsentanten einer staatlichen Religion. Sie werden in den Dienst der Gesellschaft gestellt. Man erwartet von ihnen, dass sie Pflichten für die Gemeinschaft übernehmen, um der Polis Schutz und Wohlstand zu sichern. Jedes staatliche Unternehmen wie Abmachungen und Verträge mit anderen Stadtstaaten sowie Kriege wurden unter die Obhut der Götter gestellt. Durch die Kulthandlungen - vor allem Opfer - versuchte man, deren Gnade und Hilfe zu erlangen.

Der Kult verlagerte sich dabei zunehmend in die Wohnstätten der Götter, die Tempel, die so angelegt waren, dass sie von allen Punkten der Polis aus sichtbar und für die Öffentlichkeit frei zugänglich waren. Die Kultbildnisse in den Tempeln - etwa das der Athene im Parthenon auf der Akropolis in Athen oder das des Zeus im Tempel von Olympia - symbolisierten die Anwesenheit der Unsterblichen als deren Stellvertreter. Dieses religiöse System hat es geschafft, dem politischen System der Polis Zusammenhalt und Stabilität zu verleihen. Nur eins hat die griechische Religion, die auf Mythen aufbaute, nicht vermocht, darauf weist Vegetti hin: Antworten auf das Problem der Angst vor dem Tod zu geben und die Furcht vor dem Unbekannten und Abgründigem zu nehmen. Die olympische Religion hat also ihre Grenzen. Aber man muss ehrlicherweise fragen: Haben andere Religionen überzeugende Antworten auf diese existenziellen Fragen gefunden?

Was von der griechischen Religion und ihren Mythen bis heute überdauert hat, ist ihr Sinnpotential: Ihre Gestalten und ihr Handeln sind nicht nur zeitbedingt, sie verkörpern etwas Zeitloses und Allgemeines, das über die Jahrhunderte zu immer neuen Deutungen und Interpretationen herausgefordert hat und auch heute noch offen ist für kreative Auseinandersetzungen. Wie es der Althistoriker Karl-Wilhelm Weeber ausgedrückt hat: „Die Mythologie der Griechen ist Element unseres kulturellen Selbstverständnisses, ja sie ist immer noch eine wesentliche Komponente unserer Gegenwart." (Weeber 2012, 94) Mit anderen Worten: Ihre Wirkungsmacht ist ungebrochen.

Das entscheidende Kriterium für die minoische wie die griechische Religion, das sie von anderen Religionen wie Judentum und Islam unterscheidet, ist aber, dass sie wie die ägyptische und die babylonische eine Naturreligion war. Ihre Hauptgötter waren Verkörperungen von Naturgewalten, Naturerscheinungen und Naturgesetzen, die den Weltraum erfüllen und immer die gleichen sind. Im Gegensatz dazu sind das Judentum, das Christentum und der Islam Geschichtsreligionen, das heißt, ihr Anfang liegt in einem geschichtlichen Ereignis, das zugleich eine Offenbarung ist: Die Gesetzgebung des Moses auf dem Sinai (Judentum), die Menschwerdung des Gottessohnes Jesu auf Erden (Christentum) und das Wirken Mohammeds (Islam).

Geschichtsreligionen nehmen an der wissenschaftlichen Enträtselung der Welt nicht teil, sie haben daran kein Interesse. Der Kosmos - das Wort, das die antiken Griechen für das wundervoll geordnete Weltall prägten, wurde im Christentum zu einem Schimpfwort, denn die Welt ist grundsätzlich böse und der Mensch muss aus ihr fliehen. Diese Flucht geschieht durch die Religion, durch die christliche Botschaft: eben durch die Menschwerdung Jesu, sie ist das Heil, die Erlösung der Welt. Für die Griechen war die Natur dagegen eine ewige Quelle der Erkenntnis. Das ist auch der Grund dafür, dass sie eine Naturwissenschaft entwickeln konnten, ohne damit in Konflikt mit ihrer Religion zu geraten. Darauf konnte sich Albert Einstein später noch berufen, für den es keinen Gott als metaphysische Person gab, sondern für ihn offenarte sich Gott in der gesetzlichen Harmonie des Seienden.

Drittes Kapitel

Die Entführung Europas durch den Göttervater Zeus schafft auf Kreta ein neues Herrschergeschlecht und verhilft dem Kontinent Europa zu seinem Namen

Die Geschichte ist schnell erzählt. Als Zeus wieder einmal zur Stätte seiner Kindheit zurückgekehrt war und auf dem Gipfel des Ida-Gebirges, dem *Timios Stavros*, saß und den wunderbaren Blick genoss, den er nach allen Seiten von hier oben hatte, sah er im fernen Phönizier-Land, dem heutigen Libanon, die schöne Prinzessin Europa, die Tochter des Königs Agenor, die mit ihren Freundinnen am Meeresstrand spielte. Er verliebte sich sofort in das anmutige Mädchen und beschloss, sie in seinen Besitz zu bringen. Zeus schickte den Götterboten Hermes mit dem Auftrag nach Phönizien, eine Rinderherde am Strand grasen zu lassen, wenn Europa wieder mit ihren Gespielinnen dort weilte. Er selbst ersann eine List, um der Eifersucht seiner Gattin Hera zu entgehen: Er verwandelte sich in einen weißen Stier.

Als die Mädchen wieder einmal am Gestade des Meeres spielten, näherte er sich ihnen in seiner Stiergestalt aus der

Die Entführung der phönizischen Königstochter Europa durch Zeus in der Gestalt eines Stiers ist ein oft verwendetes Motiv, hier eine Porzellanfigur.

Rinderherde heraus vorsichtig und behutsam. Erst wichen die Mädchen vor dem mächtigen Bullen ängstlich zurück, der gab sich aber so lieb und vertraulich, dass sie so mutig waren, sich ihm zu nähern. Europa streichelte ihn und schmückte ihn mit einem Blumengebinde. Dann fasste sie sich ein Herz und kletterte auf den Rücken des Stiers. Auf diesen Augenblick hatte dieser nur gewartet. Sofort setzte er sich in Bewegung, erst langsam, dann immer schneller, sprang ins Meer und schwamm mit seiner schönen Beute davon. Europa hielt sich mit einer Hand verzweifelt an einem Horn des Bullen fest, mit der anderen klammert sie sich an sein Rückenhaar.

Zeus kämpfte sich ohne Unterlass durch die Wellen des Meeres bis nach Kreta und ging mit Europa in Matala an Land. Unter einer großen Platane in Gortys ließ er Europa absteigen. Über das, was nun geschah, gibt es verschiedene Variationen. Die eine Version lautet, dass Zeus sich in einen schönen Jüngling verwandelte und sich ihr zu erkennen gab. In der anderen Version erscheint er ihr als Adler. Auf jeden Fall vereinigte er sich mit Europa. Ob es sich dabei um eine Vergewaltigung handelte oder ob Europa inzwischen Zuneigung zu ihrem Entführer gefasst und sich ihm freiwillig hingegeben hatte, der Mythos erzählt es nicht. Sicher ist nur, dass Zeus Europa für eine gewisse Zeit zu seiner Geliebten machte.

Bekannt sind die Folgen von Zeus' Leidenschaft. Aus der Verbindung des Gottes mit der sterblichen Königstochter gingen drei Söhne hervor: Minos, Rhadamanthys und Sarpedon. Nach der Affäre mit Europa verheiratete Zeus sie mit Asterios, dem König von Kreta. Dieser adoptierte Minos und seine Brüder. Er soll auch eine Tochter mit Europa gehabt haben, die den Namen Krete erhielt - nach ihr wurde die Insel benannt.

Nach dem Tod des Asterios kam es zu Machtkämpfen zwischen den drei Brüdern, aus denen Minos siegreich hervorging. Er wurde kretischer König und machte Knossos zu seiner Hauptstadt. Als weiser Herrscher verschafft er sich hohes Ansehen nicht nur über die Insel, sondern auch über die umliegenden Meere. Er führte in seinem Reich ein System vorzüglicher Gesetze ein, die ihm sein Vater Zeus übermittelt hatte, mit dem er sich regelmäßig in seiner Kinderstuben-Höhle oberhalb der Nida-Ebene im Ida-Gebirge traf. Nach Minos' Tod trat Rhadamanthys die Nachfolge seines Bruders an und erließ auch eine Reihe von vorbildlichen Gesetzen. Nach dessen Sohn Gortys erhielt die Stadt in der Messara-Ebene ihren Namen. Wegen ihrer Verdienste um die Gerechtigkeit wurden er und sein Bruder Minos nach ihrem Ableben zu Richtern über die Toten im Hades gemacht. Sarpedon trat nicht so hervor wie seine Brüder, er herrschte als König in Lykien (Kleinasien).

Es scheint sich bei der Geschichte von Zeus und Europa um einen Gründungsmythos zu handeln, denn in ihm führt eine Herrscherfamilie ihren Ursprung auf die Verbindung mit einem Gott zurück. Schaut man aber genauer hin, offenbart dieser Mythos eine große Vielseitigkeit möglicher Deutungen, die nur wenige Mythen aufzuweisen haben. Vermutlich ist das der Grund, warum diese mythische Erzählung so unendlich viele historische, künstlerische und poetische Interpretationen und Ergänzungen bis in die Gegenwart erfahren hat.

Historische Deutungen des Mythos

Schon in der Antike gab es die Version des Mythos, dass ein kretischer König namens Taurus (Stier) die phönizische Hauptstadt Tyros, in der Europas Vater Agenor residierte, erobert und dabei die Prinzessin geraubt hat. Diese Version hat sich in der Überlieferung aber nicht durchgesetzt. Eine andere Theorie besagt, dass Europa symbolisch für den Einfluss steht, den die Phönizier auf Griechenland und damit auch auf Kreta genommen haben. Dieses Volk, aus dem die Königstochter Europa stammte, war semitischen Ursprungs. Der griechische Geschichtsschreiber Herodot (490/480 bis 424 v. Chr.) hatte schon berichtet, dass der Phönizier Kadmos, der Bruder Europas, auf der Suche nach seiner verschollenen Schwester nach Griechenland gekommen sei und dort die Stadt Theben gegründet habe. Er habe den Griechen das phönizische Alphabet mitgebracht, das zur Grundlage der griechischen Schrift geworden ist.

Außerdem habe der Ägypter Danaos in der Argolis gesiedelt, was beides auf einen bedeutenden Einfluss ostmittelmeerischer Kultur auf das frühe Griechenland hinweist. Sprachwissenschaftler haben einen gewissen Anteil semitischer Wörter im Altgriechischen entdeckt. Und der norwegische Sprachforscher Kjell Aartun will nachgewiesen haben, dass die Minoer ein semitisches Volk aus dem südöstlichen Mittelmeerraum gewesen seien. (Aartun 1992) Es haben also ganz offensichtlich eine Besiedlung und ein Kulturfluss von Osten nach Westen stattgefunden. In der Vermählung von Zeus, dem obersten Gott des griechischen Pantheons, mit Europa auf Kreta würde sich dann die Symbiose der Kulturen von Ost und West im Mythos widerspiegeln, die etwas ganz Neues hervorgebracht hat. Die Gestalt der Europa steht dann aber auch dafür, dass der Erdteil kulturell einen orientalischen Anteil hat.

In dieser Fassung des Mythos kommt aber die Rolle des Zeus zu kurz. In einer anderen Version tritt Zeus deutlicher hervor. In ihr geht es um die Vermutung, dass der Gründung einer neuen Dynastie - in diesem Fall die des Minos - ein durch eine Krise entstandenes Machtvakuum vorausgegangen ist, das der neue Herrscher nun zu füllen suchte und sich zur Legitimation seiner Herrschaft auf einen Gott - eben Zeus - berief. So gesehen könnte der Raub der Europa als anschauliche Metapher für die Verdrängung der Minoer aus ihrem ägäischen Herrschaftsbereich durch die mykenischen Griechen angesehen werden, deren Hauptgott Zeus war. (So stellt es Homer in der *Ilias* dar.) Denn Zeus setzt das neue Herrschergeschlecht ein. Er konnte den Reizen der Europa erst auf Kreta erliegen, denn die Mykener unterhielten keine Kontakte zu den Phöniziern, sehr wohl aber die minoischen Kreter. Da die Mykener nun den Anspruch auf den Besitz Kretas erhoben, mussten die Kinder des Zeus auch auf der Insel geboren werden, auf der sie regieren sollten.

Die Mykener brachten ihren Gott Zeus mit nach Kreta, als sie sich um 1450 v. Chr. auf Kreta festsetzten. Mit der Schaffung neuer Mythen versuchten die neuen Herren zu erreichen, dass der fremde Gott Zeus auch von den kretischen Minoern akzeptiert wurde. Deswegen verlegte man auch die Geburt des Zeus nach Kreta. Das gelang zudem durch eine Verschmelzung der beiden Kulte: Der junge Heros-Gott, der im Frühjahr gemäß dem Lauf der Natur mit der Mutter-Göttin die *Heilige Hochzeit* einging und im Herbst wieder sterben musste, und der patriarchalische mykenische Zeus wurden zu einem Gott zusammengefasst. Zeus wäre nach dieser Deutung des Mythos der gewalttätige Eroberer, der als symbolische Verkörperung Mykenes die Minoer besiegt und die minoische Geschichte und ihren religiösen Kult für sich reklamiert. Als Zugeständnis an die minoischen Kreter ließ man der Muttergöttin aber einen Teil ihrer Macht.

In dem Zusammenhang der Besiedelung Kretas durch die Mykener wird Europa auch als Mondgöttin dargestellt. In der mykenischen Stadt Medea sind gegossene Glasplatten gefunden worden, auf denen eine Mondgöttin triumphierend auf dem Sonnenstier, ihrem Opfer, reitend dargestellt ist. Es hat sich hier offenbar um einen Fruchtbarkeitskult gehandelt, bei dem Europas Blumenkranz bei einer Prozession getragen wurde. Demnach wurde Europa auf Kreta schon in früher Zeit als Mondgöttin verehrt. Ihr Diener sei ein Mondstier gewesen, auf dem sie des Nachts ausritt. Aber die patriarchalisch gesinnten Mykener hätten diesem Mutterkult mit der Besetzung der Insel ein Ende gemacht und ihren Vatergott mitgebracht. Hier trifft sich diese Version mit der zuvor behandelten Version des Mythos.

Zeus wurde auch in der Gestalt des Stiers verehrt, der bei den Minoern als heiliges Tier galt, was vielleicht auf phönizische Einflüsse verweist, denn dort gab es einen Kult für einen Stier- oder Wettergott und die Muttergöttin Aschirtu (Astarte). Muttergottheiten spielten im Kult der sumerisch-semitischen Kulturgemeinschaft eine große Rolle - etwa Kybele in Phrygien und Ischtar in Sumer. In Kreta taucht sie als Große Mutter und der Erde verbundene Schlangengöttin auf, als Mutter der Berge mit den beiden Löwen an ihrer Seite. Im griechischen Mythos übernimmt später Demeter diesen Part, in dessen Mittelpunkt die Idee der Fruchtbarkeit stand. In die Reihe dieser Muttergestalten gehört offenbar auch Europa.

Da der sumerisch-semitische Kulturraum auch den Jahresgott kannte, der mit der Vegetation erschien und starb und sich in der *Heiligen Hochzeit* mit der großen Göttin verband, ist der Einfluss auf Kreta unverkennbar. Es spricht also viel für die oben schon angesprochene Theorie, dass die nahöstlichen Einflüsse auf Kreta ihren Ausdruck im Mythos von Zeus und der phönizischen Prinzessin Europa gefunden haben. Wenn die erste Hypothese, dass der patriarchalische Zeus mit den Mykenern nach Kreta kam, auf die Zeit um und nach 1450 v. Chr. verweist, geht es bei dieser zweiten Theorie der nahöstlichen Einflüsse um Geschehnisse am Ende des 3. Jahrtausends.

Frivoles Liebesabenteuer oder Raub einer Braut zwecks Heirat? Was führte Zeus im Schilde?

Dass Zeus ein göttlicher Schürzenjäger war, ist unumstritten. Seine frivolen Liebschaften mit irdischen Frauen oder Nymphen sind nicht zu zählen. Seine eifersüchtige Gattin Hera war dann die Leidtragende, die sich durch die ständigen Affären ihres Mannes zurückgesetzt und gedemütigt gefühlt haben muss. Ihr Zorn war also sehr verständlich. So wird dann auch das Werben des Göttervaters um die schöne Europa gedeutet: Zeus habe in der kurzen Affäre mit der phönizischen Prinzessin nur seine leidenschaftliche Liebeslust befriedigen wollen. Diese Auffassung des Mythos ist schlicht falsch und ein unglückliches Missverständnis, das die Quellen gar nicht hergeben, sagt der Altphilologe Konrad Heldmann von der Universität Kiel.

Der Gelehrte behauptet nicht mehr und nicht weniger, dass Zeus in seiner Leidenschaft für Europa nicht der frivole Lüstling war, der nur ein kurzes erotisches Abenteuer im Sinn hatte, sondern dass der Göttervater durchaus mehr beabsichtigte: Er hatte sehr ernste Absichten und strebte eine Eheschließung mit der phönizischen Königstochter an. Damit wird aus der Entführung Europas ein Brautraub, wie er in der Antike durchaus üblich war. Diese Version des Mythos setzt natürlich voraus, dass Zeus unverheiratet war, es also keine vor Eifersucht schäumende Gattin im Hintergrund gab. So ist Heldmann zufolge der Mythos in der Antike auch verstanden worden; erst der römische Dichter Ovid (43 v. Chr. bis 17 n. Chr.) hat dann aus Zeus den geilen Lüstling gemacht, der nur ein schönes Objekt für seine Begierde gesucht hat, was aber wieder voraussetzt, dass Zeus in diesem Fall verheiratet gewesen wäre und mit Europa lediglich einen Ehebruch beabsichtigte. Aber in den frühen Fassungen des Mythos gibt es keine Hera, die sich durch die Seitensprünge ihres Mannes gekränkt gefühlt hätte.

Warum hat Zeus sich dann aber in einen Stier verwandelt? Die Verwandlung in eine andere Gestalt war eine List, ein strategisches Mittel zu dem Zweck, mit dem man zum optimalen Erfolg kommen konnte - in diesem Fall die Eroberung eines jungen Mädchens und die Erfüllung der Liebessehnsucht. Denn indem Zeus eine niedrigere Gestalt annahm - eben die des Stiers -, verbesserte er seine Chancen im Liebeswerben. Dazu kam, dass man in der Antike davon überzeugt war, dass Sterbliche den direkten Anblick der Göttlichkeit nicht ertragen können.

Hat Zeus Europa nun entführt oder als Braut geraubt? Heldmann nennt für die Unterscheidung der Begriffe klare Kriterien: Bei der Entführung wird die Frau geschändet, mit Gewalt ihrem heimatlichen sozialen Umfeld entrissen und so radikal entwurzelt. Beim Brautraub entführt ein Mann unter tatsächlicher oder ritueller Anwendung von Gewalt eine Frau in seine Heimat und sein Haus, um sie zu heiraten. Eine Vergewaltigung ist dabei ausgeschlossen. Die Frau tauscht - zwar unter Zwang - ihr bisheriges soziales Umfeld gegen ein anderes aus, gewinnt dabei aber ein neues Zuhause und eine gesicherte Zukunft. Natürlich müssen bei diesem Vorgang der Entführer wie die Entführte unverheiratet sein.

Bildliche und literarische Darstellungen aus der Antike belegen nun ganz eindeutig in großer Zahl die These vom Brautraub: Zeus entführte Europa nach Kreta, um sich mit ihr zu vermählen. Die antiken Vasenmaler haben Europa stets mit den Attributen ausgestattet, die einer Braut zukommen: festlicher Schmuck, Brautkranz und Brautkrone oder ein goldenes Diadem. Bisweilen trägt Europa auch einen Schleier, das Standeszeichen einer verheirateten Frau. Mit dem Schleier nahm eine Frau an dem Hochzeitsmahl teil, und es war der Höhepunkt der Zeremonie, wenn sich die Braut ihn vom Gesicht zog. Bei den bildlichen Darstellungen auf den Vasen sitzt Europa einen Blumenkorb in der Hand tragend heiter und gelöst auf dem Rücken des Stiers, der die Meeresfluten in Richtung Kreta durchpflügt. Keine Spur also von Zwang und Gewalt.

Es gibt andere untrügliche Zeichen in der literarischen Überlieferung des Mythos, dass es Zeus nicht um ein schnelles Liebesabenteuer ging: Am Strand in Phönizien nimmt der Gott sich viel Zeit, um Europa zu betören. Er setzt dabei den Duft von Krokussen ein, der die Prinzessin dazu verleiten soll, auf seinen Stierrücken zu steigen. Und nicht hier an Ort und Stelle verführt er sie, sondern er bringt sie in seine Heimat Kreta. Dort wurde er geboren, dort ist er aufgewachsen. Erst dort bei Gortys nimmt er menschliche Gestalt an und vereinigt sich mit ihr.

Der Ort der Vereinigung spielt eine bedeutende Rolle bei der Wiedergabe des Mythos. So schreibt der Dichter Bakchylides (520/16 bis 451 v. u. Z.) die Vereinigung habe „unter der Schläfe des Idagebirges“ stattgefunden (Heldmann 2016, 75) Das Ida-Gebirge war nicht nur wegen der Kindheit des Zeus dort von höchster symbolischer Bedeutung, seine Bergspitzen und die Höhle oberhalb der Nida-Ebene waren in minoischer Zeit der Ort der *Heiligen Hochzeit* zwischen der Muttergöttin und ihrem Liebhaber Zagreus (dem Vorgänger des Zeus) gewesen. Zeus überreichte bei der Vereinigung Europa ein sehr schönes Geschenk: ein goldenes Halsband, dass Hephaistos, der Gott der Schmiede, des Feuers und des Handwerks, angefertigt hatte. Auch dieses edle Schmuckstück ist ein Beleg dafür, dass der Göttervater seine Braut und nicht eine flüchtige Konkubine beschenkt hat.

Zwei kleine Probleme bleiben dennoch: Eigentlich hätte Zeus nach antiker Tradition den Brautvater, den phönizischen König Agenor, um die Einwilligung zur Hochzeit bitten müssen. Das war aber undenkbar, denn ein Gott - und noch dazu der Göttervater - kann einen Sterblichen um nichts bitten. Und Europa muss bei allem Glück und aller Zufriedenheit, die sie auf Kreta gefunden hat, dennoch äußerst betrübt über die abrupte Trennung vom Vater gewesen sein. Der Mythos führt das aber nicht weiter aus. Das andere Problem ist: Wie lange ist Zeus mit Europa zusammengeblieben, wenn er es denn mit der Hochzeit ernst gemeint hatte? Denn ein flüchtiger Liebhaber hätte sich schnell wieder aus dem Staub gemacht.

So war es aber nicht, denn Europa gebar dem Zeus auf Kreta drei Söhne: Minos, Rhadamanthys und Sarpedon. Da nicht bekannt ist, dass Europa Drillinge bekam, muss Zeus es länger bei ihr ausgehalten haben. Als er Europa dann doch schließlich verließ, sorgte er noch für Ersatz. Er verheiratete sie mit dem König von Kreta, Asterios, und garantierte ihr damit eine gesicherte Zukunft. Es gab aber auch die Deutung des Mythos, dass Asterios in Wirklichkeit kein anderer als Zeus selber in menschlicher Gestalt war - und damit hätte die Geschichte dann doch noch ein glückliches Ende gehabt.

In Ovids *Metamorphosen* erfährt der Mythos dann die entscheidende Wende: Zeus verwandelt sich nun nicht in einen Stier, um zu verbergen, dass er ein Gott ist, er will sich mit der Verwandlung seiner Göttlichkeit entledigen, um schneller an das gewünschte Ziel zu kommen, sie zu verführen. Hier geht es nicht um eine Brautwerbung, bei der Europa weiß, wer um sie freit. Bei Ovid ist sie völlig naiv, unwissend und ahnungslos. Sie weiß nicht, dass der Stier, auf dessen Rücken sie sitzt, kein wirklicher Stier ist, sondern der Göttervater Zeus. Und sie weiß auch nicht, dass sie lediglich das Objekt seiner sexuellen Begierde ist.

Der stiergestaltige Zeus gibt sich auf der Wiese, auf der er auf Europa und ihre Freundinnen trifft, sehr friedlich und zahm. Bei Ovid heißt es: „Nichts von Drohn an der Stirn, nicht furchterregend das Aug./ Frieden wohnt in dem Blick. Es staunt die Tochter Agenors,/ dass er so schön erscheine, dass keinen Angriff er drohe./ Aber, so sanft er auch sei, zu berühren scheut sie zunächst sich,/ naht ihm dann doch und streckt Blumen zum glänzenden Maul, da/ freut sich der Liebende, gibt, bis die Lust, die erhoffte, ihm werde/ Küsse der Hand, schon mit Müh, mit Müh verschiebt er das Weitre, tummelt sich jetzt auf grünendem Plan in neckenden Sprüngen,/ bettet die schneeige Seite dann wieder im gelblichen Sande./ Mählich schwindet so ihre Furcht, er bietet der Jungfrau/ Händen bald zum Klopfen die Brust und bald, sie mit frischem/ Kranz zu umwinden die Hörner." (Renger 2003, 51ff) Europa legt alle Scheu ab und wagt es, sich auf den Rücken des Stiers zu setzen, und Zeus eilt mit ihr davon.

Die Entführungs- und Verführungsstrategie war erfolgreich: In dem Augenblick, in dem Europa auf den Rücken des Stiers klettert, ist der Gott am Ziel - auch wenn vor den beiden noch der lange Seeweg nach Kreta liegt. Weil es Zeus nur um die schnelle Triebbefriedigung geht, muss Ovid die Geschichte auch gar nicht zu Ende erzählen. Die Leser Ovids erfahren nur, dass Zeus Europa in seine Heimat Kreta gebracht hat, berichtet aber nicht, was dann aus ihr geworden ist.

Der Mythos von Zeus und Europa fasziniert die geistige und politische Welt bis heute

Es gibt wenige Themen, die bildende Künstler, Poeten und Philosophen so intensiv beschäftigt haben wie die kleine Geschichte der Entführung oder des Raubes der Europa durch den stiergestaltigen Zeus. Vermutlich ist dieser Stoff nach den biblischen Themen der am meisten behandelte Gegenstand in Kunst und Literatur. Umgekehrt formuliert: Es gibt kaum einen Maler, Bildhauer, Dichter oder Philosophen, der diesem Mythos nicht seine Aufmerksamkeit geschenkt hätte.

Die deutsche Autorin Almut-Barbara Renger hat in ihrem Buch *Mythos Europa. Texte von Ovid bis Heiner Müller* 102 Intellektuelle ausgemacht, die über das mythische Paar geschrieben haben. Es ist unmöglich, sie alle aufzuführen, aber einige Prominente seien genannt: Homer, Aischylos, Herodot, Lukian, Horaz, Boccaccio, Lope de Vega, Shakespeare, Jean Baptiste Rousseau, Antonio Salieri, Gotthold Ephraim Lessing, Gottfried August Bürger, Heinrich Heine, Friedrich Nietzsche, Arthur Rimbaud, Georg Kaiser, Ossip Mandelstam, Theodor Däubler, Johannes R. Becher, Arnold Zweig, Johannes Bobrowski, Walter Jens, Günter de Bruyn, Heinz Erhardt, Heinrich Böll, Heiner Müller und Durs Grünbein.

Als die Bremer Kunsthalle 1988 die Ausstellung *Mythos Europa. Europa und der Stier* präsentierte, zeigte sie insgesamt 193 Bilder, Plakate, Reliefs und Skulpturen. Die bekanntesten Künstler in der Ausstellung waren: Max Beckmann, Josef Beuys, Lovis Corinth, Salvador Dali, Honoré Daumier, Max Ernst, Paul Gauguin, Paul Klee, Gerhard Marcks, Pablo Picasso, Johann Heinrich Tischbein d. Ä., Tizian, Heinrich Vogeler und Paul A. Weber. Auch in der aktuellen politischen Karikatur taucht das Thema immer wieder auf.

Da es unmöglich ist, im Rahmen dieses Buches auf die Details der jeweiligen künstlerischen Schöpfungen einzugehen, sollen hier wenigstens die großen geistigen Linien angegeben werden, nach denen das Thema in der jeweiligen Zeit gestaltet wurde. In der Antike wurde der Mythos noch nicht ideologisch instrumentalisiert. Die Autoren übertreffen sich darin, die Geschichte von Zeus und Europa in immer neuen Variationen zu erzählen. Wobei die Entführung sehr unterschiedlich bewertet wird. War sie Raub oder Verführung? Hat Zeus die Prinzessin vergewaltigt oder sich ihr zärtlich und liebevoll zugewandt? War Europa eine Prostituierte, die sich Zeus angedient hat? In den antiken Erzählungen ist Vieles möglich.

Es ist erstaunlich, was spätere Zeiten dann in den Mythos von der schönen Königstochter hineingedeutet haben. Im christlichen Mittelalter bewiesen die Theologen zum Beispiel unter Berufung auf die liebevolle Beziehung Europas zum Stier die Jungfräulichkeit Marias. Es wurde auch die These vertreten, dass die Jungfrau Europa die menschliche Seele versinnbildliche. Und Zeus sei Christus, der sich, um die Seele der Menschen zu retten, in einen Stier verwandelt habe. Deshalb habe er körperliche Gestalt angenommen. Es gab auch bildliche Darstellungen des Themas: die fromme Seele Europa nähert sich dem Stier (Christus) in Verehrung und Liebe. Bis in die frühe Neuzeit symbolisieren die Meerfahrt der Europa auf dem Stier und ihr Blick zurück auf die heimatliche Küste so die Seele des Menschen, die sich in ihrem irdischen Leben vor Sehnsucht nach Gott verzehrt, zu dem sie zurückkehren will, weil er das Heil und das höchste Gut ist.

In der Renaissance gewinnt die antike Mythologie immer stärkere Eigenständigkeit, die Mythendeutung trennt sich von der christlichen Heilsvorstellung und wird rationalistischer. Für Boccaccio (1313 bis 1375) etwa hat die Entführungsepisode vor allem einen moralphilosophischen Aspekt: Man darf jungen Mädchen nicht so viel Freiheit geben, sonst kommen sie auf dumme Gedanken und verschwinden mit einem dahergelaufenen Stier. Unter dem Einfluss der antiken stoischen Philosophie, die lehrte, dass die Affekte der Seele dem Glück im Wege stehen, gestalteten die Maler der Zeit das Thema in diesem Sinn: Der Mensch kann sein Heil nicht erkennen, solange übermäßige Gefühle ihn beherrschen.

So wird etwa Tizians Bild *Die Entführung der Europa* ganz im Sinne der stoischen Philosophie gedeutet. Es schildert den Augenblick, in dem der Stier das Ufer verlässt und seine schnelle Meerfahrt beginnt. Europa liegt lasziv oder hilflos auf dem Rücken des Stiers, nur mit der Linken umklammert sie ein Horn. Sie hatte offenbar bei dem schnellen Abschied keine Zeit mehr gefunden, eine sichere Position einzunehmen. In einer Interpretation des Bildes heißt es: Europa ist so von den auf sie einströmenden widerstreitende Gefühlen überwältigt, dass sie ganz davon in Anspruch genommen ist, ihr Gleichgewicht auf dem dahin stürmenden Stier zu finden.

Hier wird eine allgemein menschliche Situation geschildert: Europa steht als Symbol für die menschliche Seele schlechthin, die von dem Stier, d. h. dem menschlichen Leib, durch das Leben und die Welt getragen wird. An diesem Punkt kommt die Maxime der stoischen Philosophie zur Anwendung: Die in extreme Aufregung versetzte Seele muss ihre vier Affekte Furcht, Freude, Begierde und Schmerz überwinden, nur dann kann sie zu Gleichmut und Glück gelangen. Kreta wird auf den Darstellungen dieser Epoche immer als mächtige, prachtvolle und hoch zivilisierte Insel dargestellt - der Europa-Gedanke wird so auf das Goldene Zeitalter zurückgeführt.

Die Humanisten und auch einige Maler benutzen den Mythos für ihre Kritik an den damals herrschenden Zuständen, vor allem an der Macht des Klerus. In den allegorischen Darstellungen stehen die Gefährtinnen der Königstochter verzweifelt am phönizischen Strand, aber weniger wegen der

Entführung, sondern sie fürchten um Europas weiteres Schicksal. Sie fällt Klerikern in die Hände, die sie unbarmherzig ausplündern - allen voran der Papst, der ihr die phönizische Krone entreißt. Europa - beraubt und vergewaltigt von den Kirchenmännern - wird mit Christus verglichen, dem die Dornenkrone aufgezwungen wurde.

Der nach ihr benannte Kontinent wird nicht mehr geographisch verstanden, sondern der Name steht nun für die gesamte Christenheit, die dem Stellvertreter Christi anvertraut ist. Europa wird aber von diesem und seinen Helfern schamlos bestohlen, entehrt und beleidigt. Hinter dieser anonymen Deutung des Mythos wird der Humanist Erasmus von Rotterdam (1466 bis 1536) vermutet. Im Zeitalter der Entdeckungen und des kolonialen Anspruchs pflegt Europa im 16. Jahrhundert den Mythos vom auserwählten und überlegenen Kontinent. In Europa ist die einzig wahre Kirche angesiedelt, es ist reich und lebt im Überfluss. Außerdem ist es führend in vielen Bereichen: Kriegskunst, Landwirtschaft, Viehzucht, Kunst und Wissenschaft.

Im Barock und in der Aufklärung wird der Mythos nicht mehr im Sinne des christlichen Heilsgedankens gedeutet, sondern in säkularer philosophischer, an den Platonismus angelehnter Weise: Die Entführung der Europa wird als der Zustand der Seele verstanden, die sich von den göttlichen Dingen abwendet und dem irdischen Leben zuwendet, um dann doch wieder zu den Ideen, zum Ewigen oder zu Gott zurückzukehren. In der Moderne lösen die Künstler den noch bis in die Mitte des 19. Jahrhunderts in bestimmter Weise bei diesem Thema festgelegten Bildtypus bei ihrer Gestaltung des Sujets auf. Nicht mehr das bildnerisch fixierte Ideal stand im Mittelpunkt, der mythische Stoff wird durch Abweichen vom ursprünglichen Symbolgehalt verfremdet und in vielfältigen Metamorphosen dargestellt. Es entstehen neue Mythisierungsprozesse - oft in Anlehnung an die Kunst primitiver Gesellschaften.

Der Kunsthistoriker Siegfried Salzmann beschreibt die moderne Sicht des Europa-Mythos so: „Die freie Erfindung von multifunktionalen Kon-Versionen und multipersonalen Mischwesen hat phantastische künstliche Geschöpfe hervorgebracht, die seit Beginn des Industriezeitalters das Mythologem beleben und aktualisieren. Durch derartige Irritationen und Aktualisierungen befreien sich die Künstler von den Zwängen eines normativen Mythos-Bildes. Sie haben neue Aspekte des Europa-Mythos entdeckt, die von Zweifeln und der Distanz gegenüber den überlieferten Bildern und Klischees leben. Es geht um die ‚Mehrdeutigkeit und Zwischenstationen'. Durch diese kritische und lebendige Art der Offenlegung und Auseinandersetzung besteht Hoffnung , dass das Mythologische in jedweder Gestalt - nicht nur in der der Europa mit dem Stier - neu durchdrungen wird." (Salzmann 1988, 94)

Als Beispiel für eine solche Darstellung kann man Max Beckmanns Aquarell *Raub der Europa* anführen. Wild und brutal stürmt hier der Stier davon, gefährlich seine Hörner in die Luft streckend. Die entführte Königstochter ist ihm wie eine Trophäe über den Rücken geworfen; hilflos, ohnmächtig, leblos hängt sie dort voller Angst, einem ungewissen Schicksal entgegeneilend. Beckmann hat dieses Bild 1933 gemalt und hat hier seine eigene Befindlichkeit beschrieben: seinen Schock über den Zugriff der Nazis nach der Machtergreifung auf das wehrlose Europa.

Die Nazis konnten mit dem Mythos zunächst wenig anfangen, gab er für ihr rassistisch verstandenes Geschichtsverständnis und ihre Vorstellung von Europa nichts her. Das aus dem Mythos abgeleitete Symbol Europa wurde ja mehr als Symbol für Völkerverständigung verstanden, wohingegen das Ziel der Nazis die gewaltsame Eroberung des Kontinents und seine Beherrschung unter deutschem Vorzeichen war. Ihr Europa sollte erst durch den Krieg geschaffen und so ein ganz neuer Mythos hervorgebracht werden.

Begeistern konnten die Nazis sich aber für die Ur-Kraft der Stiersymbolik mit ihrem Appell an ekstatische Triebphantasien in vielen Gemälden und Skulpturen. Nicht zufällig stand der Wisent bei den Nazis so hoch im Kurs. Dieses Wunschbild männlicher Stärke und Kraft - besonders in der imaginären

Verbindung von Mann und Frau - passte, so der Historiker Bernhard Decker zu den faschistischen Phantasien mit ihren realen Eroberungszielen im ökonomischen und militärischen Krieg. (Salzmann 1988)

Als der Eroberungs- und Vernichtungskrieg dann da war, kam der Mythos doch noch zu Ehren. Im September 1942 veranstalteten die Nazis im Parlamentsgebäude von Wien den *Europäischen Jugendkongress*. In dessen Lichthof hatte man eine überdimensionale Skulptur von *Europa mit dem Stier* aufgestellt - sozusagen als Motto des Treffens. Europa war nun zum Stich- und Kampfwort geworden: Bevor das neue sprich faschistische Europa Wirklichkeit werden könne, müsse das grausame Geschäft des Krieges zu Ende gebracht werden und der Organismus der Völker erst ganz und gar durch das Stahlbad des Kampfes gegangen sein, verkündeten die NS-Redner. Ein ganz neuer Europa-Mythos sollte hier geboren werden.

Als Europa dann in Schutt und Asche lag, suchten besonders die Deutschen eine neue Identität, da die alte so furchtbaren Schiffbruch erlitten hatte. Der Europa-Gedanke konnte deshalb das entstandene Vakuum füllen und als Ersatz dienen - auch wenn dieses Nachkriegseuropa ganz im Zeichen des Kapitals und zunächst des Kalten Krieges stand. Die Deutschen wurden, weil ihnen das nationale Fundament abhandengekommen war, die treuesten und loyalsten Europäer und waren am ehesten bereit, Souveränität an Europa abzugeben. Aber mit dem bürokratischen Moloch in Brüssel und seiner vor allem von Lobbyisten bestimmten Politik können sich bis heute die allerwenigsten Deutschen identifizieren.

Alt-Historiker geben aber zu bedenken, dass der Mythos von Zeus und Europa wenig dazu taugt, ein neues europäisches Bewusstsein zu schaffen. Denn die antiken Griechen hatten noch gar keine konkrete Vorstellung von Europa. Kreta war für sie ein Teil Asiens. Der Berliner Alt-Historiker Ernst Baltrusch weist darauf hin, dass für die Griechen Europa im Westen, außerhalb des griechischen Einflussgebietes begonnen habe, dort, wo die Barbaren lebten und heute Bulgarien liegt. Im Osten und Süden dagegen erstreckte sich Asien vom

Reich der Perser bis zum Nil, und vom Nil bis zum Atlasgebirge in Marokko war Afrika. Was die griechischen Gebiete tatsächlich von den Siedlungsräumen anderer Völker unterschied, waren die kleinräumigen politischen Strukturen: die Polis als politischer Raum, in dem die Bürger - etwa in Athen - selbst über ihre gesellschaftlichen Belange diskutierten und abstimmten.

Aber Athen als Vorbild und Hort der Demokratie? Der Althistoriker ist skeptisch: „Eher nicht, denn die Vorstellung unserer repräsentativen, parlamentarischen Demokratie gründet mehr auf idealisierten Bildern der römischen Republik, die zu Zeiten der Aufklärung und des frühen Parlamentarismus im 19. Jahrhundert aufkamen. Eine direkte Linie vom alten Athen zum modernen Europa gibt es nicht." Und gab es eine europäische Identität? „Athener, Spartaner und Korinther verstanden sich als Griechen, nicht als Europäer", so Baltrusch. „Die Römer hatten ihr Imperium Romanum im Blick - das auch Afrika und den Nahen Osten umfasste." Sein Fazit ist: „Der Mythos Europa hat mit unserer Vorstellung vom Kontinent Europa überhaupt nichts zu tun." (Baltrusch 2015)

Und dennoch: Immer, wenn ich wieder einmal in Matala bin, zu den Höhlen hinaufsteige, mich vor den alten Hippie-Behausungen niedersetze, aufs Meer schaue und die Paximadia Inseln in der Ferne sehe, dann male ich mir in der Phantasie aus, dass unten am Strand der weiße Stier mit der völlig erschöpften Europa auf dem Rücken aus dem Wasser steigt. Verzweifelt sieht sie sich um, da sie nicht weiß, wo sie der gewaltige Bulle hingebracht hat. Doch ehe ich die mythische Szene ganz in meinem Bewusstsein realisieren kann, ist der stiergestaltige Zeus mit seiner schönen Beute in Richtung Gortyn verschwunden. Mir bleibt nur die Freude, Zeuge einer Szene geworden zu sein, die die Welt bis heute zutiefst bewegt.

Viertes Kapitel

Knossos - bis heute ein Ort voller Wunder und Geheimnisse

Ein Septembertag 2020. Für das griechische Festland und die Inseln war ein Unwetter angesagt. Zudem herrscht Corona im Land. Wir zögern deshalb, nach Knossos aufzubrechen. Wir tun es dann doch. Wir werden fürstlich für unseren Entschluss belohnt. Es ist ein Tag (um es mythologisch auszudrücken), als hätten die Olympier alle ihre Herrlichkeit über uns ausgebreitet. Der Himmel ist azurblau, die milde Septembersonne versieht alles um uns herum, selbst die monotonen Betonbauten Heraklions, auf dem Weg zum minoischen Palast mit einem warmen Glanz, der die Kontraste scharf hervorhebt. Palmen in der Mitte der Straße leiten hin zum Ziel.

Was können die Ruinen von Knossos noch aussagen, wenn Sir Arthur Evans auf die ausgegrabenen Grundmauern nicht ein buntes Disneyland aus Gebäuden mit knallroten Säulen und rekonstruierten Gemälden gesetzt hätte? Stolze Frauen, fremdartig schön mit ihren schwarzen Ringellocken, paradieren vorbei; dunkelhäutige Jünglinge - nur mit einem geometrisch gemusterten Lendenschurz bekleidet - tragen edel geformt Krüge vermutlich zu einer Zeremonie; stolz und würdevoll kommt der Lilienprinz daher; paradiesische Vögel, ein blauer Affe und sich tummelnde Delphine schaffen die wunderbare Illusion, als hätten diese so exotisch anmutenden

Der britische Archäologe Arthur Evans hat versucht, Teile des minoischen Palastes von Knossos zu rekonstruieren. Das Experiment ist nicht unumstritten.

Menschen völlig im Einklang mit der Natur gelebt. Selbst die gewaltigen Stiere auf anderen Gemälden scheinen diesen Eindruck nicht zu stören: Wagemutige Jünglinge setzen zum kühnen Sprung über diese Bullen an, als sei es ganz selbstverständlich.

Eine Welt der Schönheit und kosmischen Eintracht? Wir wissen es nicht. Die abstoßenden und grausamen Seiten ihres Lebens haben die Minoer nicht überliefert. Die Archäologen glauben aber, Beweise für Menschenopfer zu besitzen. Staunend sehe ich im Thronsaal die sich an der Wand hinziehende Liliendekoration, davor lang gestreckt Fabelwesen - vielleicht eine Löwin mit Greifenkopf. An der Längswand der kleine bescheidene Thron, dessen Rückenlehne blumenförmig geschwungen ist - viel zu klein eigentlich für den Herrscher dieses riesigen Palastes und eines ganzen Reiches.

Hat hier der große Minos gesessen, der Sohn des Zeus und der Europa, die der höchste der olympischen Götter in seinem Liebesrausch im fernen Phönizierland geraubt und nach Kreta entführt hatte? Und neben ihm seine Gattin Pasiphae, die in Liebe zu einem Stier entbrannt war und sich von Dädalos ein hölzernes Kuhgestell bauen ließ, um sich mit ihm vereinigen zu können. Aus diesem Sodomie-Akt entstammte der Minotaurus, das menschenfressende Ungeheuer im Labyrinth. Erst der athenische Königssohn Theseus konnte den Minotaurus töten und dank des Fadens, den ihm die in ihn verliebte Minostochter Ariadne mitgegeben hatte, wieder aus dem Labyrinth herausfinden.

Geschichte und Mythos vermischen sich hier untrennbar - geblieben ist die Erinnerung an die schöne Königstochter Europa, die dem ganzen Kontinent den Namen gab und als Symbol dafür steht, dass sich Osten und Westen hier getroffen haben und das Abendland so seinen Anfang nahm. Wenn es so war, führte dann von Knossos aus der Weg zur Höhe der antiken griechischen Kultur, später zu den gotischen Kathedralen, zu Dantes *Göttlicher Komödie*, zu Goethes *Faust*, zur Musik von Bach, Mozart und Beethoven und später zu Einsteins Sicht eines harmonisch geordneten Kosmos - aber auch zu Inquisition, zu den Kreuzzügen aller Art, zu ständigem Völkermord und zu Schlachten bis zu dem Abgrund des Holocaust?

Ich durchwandere das Ruinenfeld, sehe steinerne Grundrisse, Kammern und Gemächer, große *Pithoi* und versuche mir vorzustellen, was für ein Leben hier geherrscht hat. War es so bunt und schön wie die restaurierten Gemälde es darstellen? Oder war das minoische Reich eine mächtige und grausame Seemacht, die deshalb keine Mauern brauchte, weil die Schiffe draußen auf dem Meer die Paläste und das heitere Treiben hier schützten? Wann immer ich Griechenlands antike Stätten aufsuche, wünsche ich mir, dass es eine DNA der Steine gäbe, die mir Auskunft darüber geben könnte, was hier einst stattfand und geschah.

Aber die großen, teils gewaltigen Steinblöcke, die sich hier wohlgeordnet zu Quadraten und Rechtecken oder sogar zu Räumen formen, schweigen beharrlich, liegen porös, schrundig, teils abgewetzt und abgeschliffen von den Stürmen der Geschichte stumm da und behalten ihr Geheimnis für sich.

Wir müssen uns auf die vagen Aussagen und den letzten Forschungsstand der Historiker und Archäologen verlassen, der morgen schon wieder ein ganz anderer sein kann.

Als die deutsche Abenteuerin und Schriftstellerin Marie Espérance von Schwartz (1818 bis 1899), die sich gräzisiert Elpis Melena nannte, in der Mitte des 19. Jahrhunderts an diesen Ort kam, bedeckten ihn noch ein Olivenhain und Macchia. Sie wusste aus den Erzählungen des Mythos, dass sich hier irgendwo das Labyrinth befunden hat, in dem der Minotaurus hauste. Sie fragte die Bauern und Hirten der Gegend, wo hier der Eingang zu dem schrecklichen Bau sei, die schüttelten aber nur verständnislos den Kopf, sie hatten von dergleichen noch nie gehört. (Strohmeyer 2019)

Eine große Kultur war untergegangen und hatte keine Spuren hinterlassen. Auf der Erde, die ihre Reste bedeckte, weideten nun Schafe und Ziegen. Enttäuscht zog Elpis Melena weiter. Doch sie hatte die richtige Ahnung verspürt, denn auch Arthur John Evans folgte den Angaben des Mythos, als er an dieser Stelle den Spaten ansetzte. Was er fand, war so überraschend und neu, dass er einen Namen für dieses Volk erfinden musste, das einst hier lebte. Er nannte es nach dem, sagenhaften Zeus-Sohn und dem ersten König von Kreta: die Minoer.

Inzwischen weiß die Wissenschaft einiges über sie, aber Vieles ist noch im Dunkel der Geschichte verborgen: ihre Herkunft, ihre Sitten und Gebräuche, wie sie sich selbst nannten und warum sie plötzlich aus der Geschichte verschwanden. Es müssen Semiten gewesen sein, denn als ihre Kultur vermutlich durch den Santorin-Ausbruch etwa um 1613 v. Chr. zerstört wurde und sie auch nach Palästina flohen, sagten die Juden dort: „Wir müssen sie aufnehmen, es sind ja unsere Leute." So steht es im Alten Testament.

Knossos ist ein Labyrinth von Fragen, und man muss abwarten, ob die Forschung den Ariadne-Faden zu weiteren Erkenntnissen über die geheimnisvollen Minoer noch finden wird.

Am Hofe des Königs Minos ging es hoch her

Das waren die Impressionen eines wunderschönen Tages. Was aber sagt der Mythos über diesen Ort? Und hat die Wissenschaft Licht in die dramatischen Geschehnisse bringen können, die sich dort ereignet haben sollen? Zunächst der Mythos. Knossos war die bedeutendste Stadt auf Kreta, Zentrum des minoischen Reiches und zugleich Schauplatz der meisten bekannten Mythen, die auf Kreta spielen.

Minos, der Sohn des Zeus und der Europa, begründete den Anspruch auf sein Königtum in Knossos mit seiner göttlichen Abkunft. Es gab aber Rivalen, die ihm die Herrschaft streitig machen wollten. Deshalb betete er zu Poseidon, ihm einen Stier zu schicken, den er zu opfern versprach. Ein wunderschönes Tier stieg aus dem Meer – seine prachtvolle Gestalt und seine Kraft brachten Minos' Rivalen sofort zum Schweigen. Der König konnte sich aber nicht überwinden, einen solch herrlichen Stier zu opfern und tötete an seiner Stelle ein anderes Tier.

Poseidon verstand das aber als eine schlimme Beleidigung und sann auf Rache. Er sorgte dafür, dass Minos' Frau Pasiphae sich in den schönen Stier verliebte. Sie vereinigte sich durch das von Daidalos gebaute Kuhgestell mit dem Tier und gebar das Ungeheuer Minotaurus, einen Mann mit dem Kopf eines Stiers. Minos gab Daidalos den Auftrag, das Labyrinth zu bauen, ein Gefängnis mit verschlungenen Irrwegen, und versteckte den Minotaurus darin.

Minos konnte inzwischen seine Macht festigen und war zu einem angesehenen Herrscher über das östliche Mittelmeer geworden. Sein Sohn Androgeos lebte in Athen, kam dort aber zu Tode. Minos vermutete, dass der dortige König Aigeus ihn hatte ermorden lassen, und begann aus Rache einen Krieg gegen Athen, konnte die Stadt aber nicht erobern. Er betete zu den Göttern, und diese suchten Attika mit einer Seuche heim. Die Athener schickten in ihrer Verzweiflung Boten zum Orakel in Delphi, um zu erfragen, was sie tun könnten.

Das Orakel verkündete, dass man Minos zugestehen müsse, was auch immer er als Vergeltung für den Tod seines Sohnes verlange. Minos fordert daraufhin, dass die Athener ihm alle neun Jahre sieben Jünglinge und sieben Mädchen schicken müssten, die dem Minotaurus zum Verzehr vorgeworfen würden. Aigeus musste dieses Verlangen erfüllen. Als wieder einmal eine Gruppe von jungen Männern und Mädchen auf Kreta eintraf, war auch Aigeus Sohn Theseus unter ihnen.

Minos‘ Tochter Ariadne verliebte sich in den jungen athenischen Prinzen und gab ihm, um seine Rückkehr aus dem Labyrinth sicherzustellen, ein Wollknäuel, dessen Anfang er am Eingang des Labyrinths befestigte und dann beim Vordringen in den Irrgarten abwickelte. Er tötete den Minitaurus und folgte dem Faden wieder nach draußen. Dann eilte er mit seiner Retterin zum bereitliegenden Schiff und floh mit ihr aus Kreta, denn er musste Minos‘ Rache fürchten. Auch das war eigentlich ein Brautraub. Von Naxos wollte Theseus nach Athen weitersegeln, um Ariadne zu heiraten.

Über das, was nun geschah, gibt es eine Fülle von Versionen. Bei Homer heißt es in der Odyssee, dass Artemis Ariadne auf Betreiben des Dionysos getötet habe. In einer anderen Fassung rivalisieren Theseus und Dionysos um die Liebe der Ariadne. Dionysos erweist sich als der Stärkere und zwingt Theseus, auf seine Geliebte zu verzichten. Aus Angst vor dem Gott verlässt Theseus Naxos. Es gibt auch die Fassung des Mythos, dass Dionysos gleich nach Ankunft des Theseus Ariadne raubt und sich mit ihr vermählt. Oder: Theseus hat Ariadne mit voller Absicht - wohl aus Treulosigkeit oder auf göttlichen Befehl - auf Naxos verlassen und sie einem ungewissen Schicksal übergeben. Sie war sehr verzweifelt, aber plötzlich tauchte Dionysos auf der Insel auf, nahm sich ihrer an und hat sie später auch geheiratet. Auch sie bekommt als Hochzeitsgeschenk einen Brautkranz und ein von Hephaistos geschaffenes goldenes Halsband. Es gibt also Parallelen zum Zeus-Europa-Mythos.

Über ihr Schicksal nach der Vermählung ist wie über das von Europa so gut wie nichts überliefert. Einem Bericht zufolge ist sie bald nach ihrer Hochzeit verschwunden. Nach einem anderen Bericht soll sie den Dionysos-Priester Oinaros geheiratet haben. Beiden Frauen aber bleibt ihr Nachruhm. Europa erlangte Hochachtung und Verehrung durch ihre berühmten drei Söhne und dadurch, dass sie zur Namenspatronin eines ganzen Erdteils wurde. Ariadne sicherte sich kosmischen Ruhm, weil ihre Brautkrone als Sternbild am Himmel erschien.

In einer Fußnote sei hier noch angemerkt: Der Ruhm der Minos-Tochter dauert zudem durch die Oper *Ariadne auf Naxos* bis in die Gegenwart an. Zu dem Werk hat Hugo von Hofmannsthal den Text (Hofmannsthal 1911/1913) und Richard Strauss die Musik komponiert. Der Gang der Handlung ist schnell erzählt: Theseus hat Ariadne auf Naxos verlassen, sie ist völlig verzweifelt. Nymphen versuchen sie zu trösten und mit Tanz und Gesang aufzuheitern und ihr neuen Lebensmut zu geben. Vergeblich. Ein Fremder erscheint, es ist Dionysos. Ariadne hält ihn für Hermes, der ihr den Tod bringt. Beide überwinden aber ihre anfängliche Befangenheit und gegenseitige Scheu und finden in Liebe zueinander. Dionysos singt begeistert: „Deiner hab‘ ich um alles bedurft! Nun bin ich ein anderer, als ich war. Durch deine Schmerzen bin ich reich, nun reg‘ ich die Glieder in göttlicher Lust! Und eher sterben die ewigen Sterne, eh‘ denn du stürbest aus meinem Arm!“

Im Mythos endete Theseus’ Schiffsreise zurück nach Athen tragisch. Er vergaß – wie verabredet – als Zeichen seiner geglückten Heimkehr ein weißes Segel zu hissen. Als sein Vater Aigeus von der Akropolis aus das schwarze Segel sah, musste er glauben, dass sein Sohn tot sei und stürzte sich vor Kummer vom Felsen der Stadtburg in die Tiefe.

Auf Kreta hatten die Ereignisse um Theseus und Ariadne noch ein Nachspiel. Minos verdächtigte Daidalos, hinter dem Anschlag auf den Minotaurus zu stecken und sperrte ihn und seinen Sohn Ikarus im Labyrinth ein. Daidalos konstruierte dort für sie beide aus Federn und Wachs Flügel, mit denen sie sich in die Luft erhoben und Kreta verließen. Daidalos hatte seinen Sohn davor gewarnt, wegen der hohen Wellen dem Meer nicht zu nahe zu kommen und auch nicht zu hoch zu fliegen, weil die Sonne das Wachs der Flügel schmelzen könne. Ikarus beachtete die Warnung nicht, wurde übermütig und stieg so hoch auf, dass die Hitze der Sonne das Wachs löste und die Schwingen die Federn verloren. Er stürzte ab und ertrank. Sein Leichnam wurde in der Ost-Ägäis an den Strand einer Insel gespült. Sie erhielt nach ihm den Namen Ikaria.

Daidalos flog weiter nach Sizilien und fand bei dem dortigen König Kokalos Zuflucht. Minos ließ überall nach dem geflohenen Baumeister suchen und reiste deswegen von Insel zu Insel. In jedem Hafen stellte er dem dortigen Herrscher die Aufgabe, einen Faden durch eine spiralförmige Muschel zu ziehen. Keiner schaffte es. Nur der König von Sizilien kam nach einem Tag mit dem durchgezogenen Faden in der Muschel zu Minos. Da wusste dieser, dass Daidalos sich dort aufhielt. Denn nur er konnte diese so gut wie unlösbare Aufgabe ausführen. Daidalos hatte das Ende des Fadens an eine Ameise gebunden, und diese hatte den Weg durch die verschlungenen Windungen der Muschel gefunden. Minos verlangte seine Auslieferung, aber der sizilische König weigerte sich, ihn zu übergeben, weil er ihm als Baumeister und Erfinder sehr nützlich war.

Minos soll nach einer Version des Mythos einen Feldzug gegen Kokalos gestartet haben, bei den Kämpfen sei er getötet worden. Nach einer anderen Version soll der sizilische König versprochen haben, Daidalos nach einem Festbankett auszuliefern. Als Minos ein Bad nahm übergossen ihn die Töchter des Kokalos, die ihn bedienten, mit kochendem Wasser. Das war das Ende des Minos.

Der Jüngling Theseus aus Athen besiegt die alten minoischen Mächte

Deutungsversuche des mythischen Themenkreises Minos, Pasiphae, Minotaurus, Labyrinth, Ariadne und Theseus müssen wieder an der Zeitenwende von 1700 bis 1450 v. Chr. ansetzen, als die vom Festland kommenden Mykener sich auf Kreta immer mehr festsetzten und schließlich die Macht auf der Insel ergriffen. Dazu kam ab 1200 v. Chr. der Einfluss der Fremdvölker (Seevölker) und der Dorer. Zwar blieb der Einfluss der minoischen Kultur erhalten, aber der Wandel von einer von Frauen dominierten Zivilisation zu einer patriarchalischen Kultur war unverkennbar. Männliche Gottheiten wie Zeus und Poseidon traten in den Vordergrund, die Schlangengöttin (Große Mutter) geriet in Vergessenheit. An ihre Stelle trat die streitbare Kriegsgöttin Athene.

Ein erster Deutungsversuch sieht so aus: Auch Minos war ein patriarchalischer Herrscher, der sein Reich vor den mächtiger werdenden Mykenern bedroht sah und sie zu Tributleistungen zwang. Nach vielen Jahren holten die Unterdrückten zum Gegenschlag aus, ohne sich schon auf Kreta festzusetzen. Die Mykener zogen sich wieder auf das Festland zurück und verweigerten die Tribute.

Anders formuliert könnte man sagen: Ein Jüngling aus Athen besiegt die alten minoischen Mächte und ihre Kultur. Kretas Vorherrschaft über Athen wurde so gebrochen und damit auch seine Seeherrschaft. Theseus war als Opfer mit nach Kreta gefahren. Dort wurde er aber zum Instrument des Wandels: Er tötet den Minotaurus, was das Ende der Herrschaft des Minos bedeutet. Der Theseus-Mythos stände damit symbolisch für die Übergangszeit von der minoischen zur mykenischen Herrschaft über die Insel. Historisch beweisen lässt sich das nicht. Belegt ist aber, dass Mykene um 1400 v. Chr. mächtig genug geworden war, um eine bedeutende Stellung in der Ägäis einzunehmen.

Ein Widerspruch besteht in der Rolle des Minos, denn auf der einen Seite ist er der weise und kluge - von Zeus inspirierte - Herrscher, andererseits der grausame Despot, der im Labyrinth Menschenopfer bringen ließ. Kein Geringerer als der große antike Philosoph Aristoteles (384 bis 322 v. Chr.) hat das Rätsel aufgelöst. Er gab den griechischen Tragödiendichtern die Schuld an der Verzerrung des Minos-Bildes. Sie hätten ihn als königlichen Wüterich dargestellt, was ganz nach dem Geschmack des damaligen Theaterpublikums gewesen sei. Die Lichtgestalt eines ausländischen Königs - auch wenn sie mythisch sei - hätten die Athener nicht akzeptiert. Auch dies ist eine Erklärung, wie das Bild mythischer Gestalten im Laufe der Zeit umgeformt werden kann.

Arthur Evans, der Ausgräber von Knossos, identifizierte den von ihm entdeckten Komplex von Gebäuden als den *Königspalast des Minos*. Aber es fehlen Hinweise auf die Existenz eines Königs mit diesem Namen. Insofern ist es denn auch unwahrscheinlich, dass Minos auf dem Thron im Saal mit dem Herrschersitz gesessen hat. Man nimmt heute an, dass Minos keine Person war, sondern das Wort, das den Titel für das Amt bezeichnet - so wie der Begriff Pharao die Herrscher von Ägypten benennt.

Es bleiben dann vier Fragen ungelöst: die Vereinigung Pasiphaes mit dem Stier, die Existenz des Ungeheuers Minotaurus sowie das Geheimnis um das Labyrinth und seinen Erbauer Daidalos. Der Stier war in den nahöstlichen Kulturen ein heiliges Tier - Symbol für Kraft und Fruchtbarkeit, so auch im minoischen Kreta. Er war bei den Minoern der Begleiter der Schlangengöttin, die auch die Fruchtbarkeit verkörperte. Die beiden sind ein untrennbares Paar. Insofern könnte man sich vorstellen, dass der perverse sexuelle Akt zwischen dem Stier und Pasiphae bei den späteren Griechen eine Erinnerung an die auf Kreta immer wieder kultisch vollzogene *Heilige Hochzeit* war. Dass aus einer solchen sodomitischen Beziehung ein Monster hervorgehen musste, versteht sich fast von selbst. Die Gestalt dieses menschenfressenden Ungeheuers könnte auch eine Reminiszenz in späterer Zeit an die rituellen Menschenopfer sein, die es bei den Minoern und auch in anderen Kulturen gab.

Auf die Frage nach der Existenz des Labyrinths gibt es mehrere Antworten. Griechen vom Festland, die die Palastanlage von Knossos besuchten und sie später in Besitz nahmen, waren von dem riesigen Gebäudekomplex mit seiner verwirrenden Anzahl von Höfen, Gängen, Sälen, Zimmern und Korridoren vermutlich so beeindruckt, das sie das ganze unüberschaubare Ensemble für ein Labyrinth hielten. Sie kannten vom Festland her nichts Vergleichbares.

Eine Münze aus Knossos, die das Labyrinth darstellen soll.

Denkbar ist auch, dass es in Knossos ein Gebäude gab, wo die im Kult gebrauchten Doppeläxte (*Labrys*) aufbewahrt wurden. Die Wörter Labrys und Labyrinth sind sprachlich verwandt. Das Labyrinth wäre dann ganz einfach das *Haus der Labry*s. Und schließlich könnte das Labyrinth ein Platz außerhalb des Palastes gewesen sein, in dem ein Labyrinth-Muster eingelassen war, auf dem die Minoer ihren kultisch-erotischen Springtanz vollführten, den schon Homer beschrieben hat. Der Vortänzer soll dabei eine Stiermaske getragen haben.

Daidalos gilt im griechischen Mythos als der geniale Baumeister, Ingenieur und Erfinder. Sein Name lässt sich sogar sprachlich erklären: Die Metallverarbeitung und fein gearbeitete Metallstücke werden im Griechischen als *daidalos/daidala* bezeichnet. Was nahelegt, dass die Griechen dann eine Person zu diesem Tätigkeitsbereich erfanden. Homer erwähnt Daidalos schon in der *Ilias*. Dort stellt er zusammen mit dem hinkenden Schmiedegott Hephaistos auf Kreta das mit historischen und mythischen Szenen verzierte Schild des Achill her.

Man muss Daidalos wohl als Personifizierung und Verkörperung des außerordentlich hohen Standes von Kunst und Handwerk der minoischen Zivilisation ansehen, der auf ganz Griechenland ausstrahlte. Als die Mykener dann Kreta eroberten, flohen viele minoische Handwerker nach Sizilien. Minos machte Daidalos für den Verrat verantwortlich, dass er hinter dem erfolgreichen Anschlag auf den Minotaurus steckte, denn nur er kannte das Geheimnis des Labyrinths. Auch Daidalos floh nach Sizilien, wo er noch große Werke vollbrachte. Seine Flucht ist ein schöner Beleg für eine Parallele von Geschichte und Mythos.

Der Mythos vom Labyrinth und dem Minotaurus als Beispiel für die *universale Sprache* des Mythos

Erich Fromm hat die Märchen, Träume und Mythen als eine *universale Sprache* des Menschen bezeichnet. Die Psychoanalytiker haben denn auch eine faszinierende Deutung des Labyrinths gefunden: Das Labyrinth ist Gefängnis und bergende Höhle zugleich, ein Innenraum mit Eingang und Ausgang zur Welt. In der Mitte - dem Uterus sozusagen - schläft der Minotaurus - ein Zwitterwesen, halb Tier und halb Mensch, das erst noch Mensch werden soll. Es muss erst den langen dunklen uterus-artigen Gang überwinden, um zur Freiheit des Lebens zu gelangen. Dies ist aber nicht nur der konkrete Geburtsweg eines jedes Menschen, es ist auch das Sinnbild für sein psychisches und geistiges Zur-Welt-Kommen, ein Symbol der Selbstwerdung also. Einen Ariadnefaden braucht jeder Mensch auf diesem Weg, der selten geradlinig, eher in verwirrendem Hin und Her verläuft, in dialektischen Pendelbewegungen zwischen ängstlichem Zurück in die Wärme des mütterlichen Uterus und forschem Ausgreifen ins unbekannte Fremde - dem Ausgang des Labyrinths entgegen. Die Psychoanalytiker haben es so oder ähnlich immer gesagt: Unser Leben ist ein unstetes Schwanken zwischen der Angst (trotz Neugier und Freiheitsdrang), wirklich geboren zu werden und dem Wunsch, ins grelle Licht der Wirklichkeit hinauszutreten und sich ihrer ganzen Faszination zu stellen.

Was nichts anderes bedeutet, als dass auch die Begegnung des Theseus mit dem Minotaurus im Zentrum des Labyrinths eine ganze neue Bedeutung bekäme: Er tötet nicht ein Ungeheuer, sondern begegnet in ihm Seiten und Dimensionen des allgemein Menschlichen, die also auch sein Anteil und zur Erkenntnis seiner selbst unabdingbar sind. Der Abstieg in den Bauch des finsteren Labyrinths wird zur Initiation und Wiedergeburt. Theseus verlässt die Unterwelt als ein Verwandelter. Er konnte nun das Ungeheuer als Projektion deuten: die eigenen, verbotenen Aggressionen hatte er auf ein mythisches Ziel gelenkt. Nun braucht er diese Projektion nicht mehr. Der Gang ins Labyrinth hat ihn frei gemacht.

Interessante universelle Deutungen des Labyrinths und des Minotaurus gibt es auch bei den Dichtern. Bei Franz Kafka hat sich der Minotaurus in seinem labyrinthischen Bau - so heißt auch die Erzählung - wohl eingerichtet, ist allein. Er ist Herr über eine Vielzahl von Gängen und Plätzen in seiner unterirdischen Welt, die er gegen äußere Feinde abgeschirmt hat. Sein Sicherheitsbedürfnis hat ihn dazu veranlasst, überall Vorratslager anzulegen. Er könnte zufrieden sein mit seiner Lage: „Dein Haus ist geschützt, in sich abgeschlossen. Du lebst in Frieden, warm, gut genährt." Er ist mit den Gängen und Plätzen seines Labyrinths völlig eins: „Ihr gehört zu mir, ich zu euch, verbunden sind wir." (Kafka 1970) Aber in ihm wachsen Angst und Sorge. Er erwartet den großen Angriff des Feindes, den er zwar noch nie gesehen hat, mit dessen Attacke er aber täglich rechnet. In seiner Sorge und Unruhe verstärkt er die Verteidigungsmaßnahmen. Er lauscht in die Stille seines Baus, um den Feind auszumachen, und vernimmt in dessen Schweigen überall verdächtige Geräusche. Im labyrinthischen Gefängnis seiner Angst überwältigt ihn seine Einbildungskraft - hier bricht die Erzählung ab.

Auch Friedrich Dürrenmatt hat im Zusammenhang mit dem Labyrinth die Vereinzelung und Isolierung des modernen Menschen zum Thema gemacht. Leonardo da Vinci hat im 16. Jahrhundert ein achteckiges Spiegelkabinett entworfen, in dem man sich von allen Seiten unendliche Male betrachten kann: als Wesen inmitten eines imaginären Labyrinths, das in seinen Möglichkeiten grenzenlos ist, zugleich aber keine Orientierung außerhalb seiner selbst mehr hat. In diesem Spiegelkabinett lässt Dürrenmatt den Minotaurus kauern -

nicht nur dessen eigenem Spiegelbild gegenüber, sondern auch gegenüber den unendlichen Spiegelbildern seines Spiegelbildes. „Der Minotaurus befand sich in einer Welt voll kauernder Wesen, ohne zu wissen, dass er selbst das Wesen war." (Dürrenmatt 1985) Er glaubt, einer unter vielen zu sein. Als Menschenopfer, die für ihn bestimmt sind, auftauchen, versteht er, dass es außer ihm noch andere Wesen gibt. Er vergewaltigt und tötet sie, dann zertrümmert er die Wände, die ihn spiegeln, und greift sich damit selbst an. „Er versuchte zu flüchten, doch wohin er sich auch wandte, stets stand er sich selbst gegenüber, er war eingemauert von sich selber, überall war er selber, endlos war er selber, vom Labyrinth ins Unendliche widergespiegelt. Er spürte, dass es nicht viele Minotauren gab, sondern nur einen Minotaurus, dass es nur ein Wesen gab, wie er eines war, ein anderes nicht vor ihm und ein anderes nicht nach ihm, dass er der Vereinzelte war, der zugleich Aus- und Eingeschlossene." (Dürrenmatt ebd.)

Plötzlich sieht er sich doch einem anderen Minotaurus gegenüber, einem wirklichen Du. Vor Freude über das Ende seiner Vereinzelung schreit er auf. Er stürzt sich auf den anderen, um ihn zu umarmen, weil er meint, „in ihm einen Freund gefunden zu haben". Aber es ist Theseus in der Maske des Stiermenschen, der ihn überlistet hat. „Der Einzelne findet seinen Freund im anderen, der so aussieht wie er selbst. Und indem er ihn zum Freund macht, findet er seinen Tod." Oder anders gesagt: Theseus und der Minotaurus sind letztlich eine Person, der eine ist der Spiegel des anderen. „Das Ziel des Menschen ist, sich Feind zu sein - der Mensch und seine Schatten sind eins", so Dürrenmatts düstere Schlussfolgerung. (Dürrenmatt ebd.)

Der britische Altphilologe Oliver Taplin hat in zwei Sätzen zusammengefasst, was der Mythos vom Labyrinth den Menschen heute noch sagen kann: „Falls wir alle in uns ein dunkles Untier bewahren, das Unschuld und Vernunft zu verschlingen droht, dann müssen wir hinab in das Labyrinth steigen können, uns dieser Seite unseres Menschseins bewusstwerden und zurückkehren. Sollen wir dieses halbmenschliche Wesen töten, oder lässt es sich zähmen?" (Taplin 1991)

Fünftes Kapitel

Der Kult Apolls, des Gottes von Delphi, entstand dem Mythos nach auf Kreta

Von allen Göttern des griechischen Pantheons steht mir Apoll am nächsten. Er ist für mich die schönste und eindrucksvollste Gestalt, die der griechische Geist ersonnen hat. Seine göttliche Heimstätte - das Heiligtum von Delphi - hoch oben im Parnass-Gebirge, das von den steilen, schroffen Felsen der Phädriaden überragt wird - ist mein absoluter Lieblingsort von den antiken klassischen Plätzen in Hellas. Es zieht mich immer wieder magisch dorthin. Deshalb musste ich auch einmal den alten steilen Pilgerweg vom Hafen Itea am Golf von Korinth durch Wiesen und Olivenhaine hinaufsteigen, den in der Antike unzählige Ratsuchende und Verehrer Apolls vermutlich in großer Erregung vor dem, was sie dort oben erleben würden, gegangen sind. Es muss ein berauschender Eindruck gewesen sein, wenn man die Höhe erklommen hatte, aus dem Olivenwald heraustrat und die Tempelstadt des Gottes erblickte.

Von der Herrlichkeit dieser Stätte, als die Säulen noch standen, sind nur Ruinen geblieben, die menschliche Zerstörungskraft und Erdbeben haben ganze Arbeit geleistet. Dennoch hat die Heimstätte des Apoll nichts von ihrer Schönheit und

Würde verloren. In seinem großen Tempel konnten die Menschen der Antike - ob Könige oder Handwerker - durch die Pythia das Wort des Gottes vernehmen: oft geheimnisvoll, doppeldeutig und dunkel. Der Gott machte es den Ratsuchenden nicht leicht, sein Spruch bedurfte noch der Deutung. Delphi war das religiöse Zentrum der griechischen Welt und eine bedeutende politische und moralische Macht. Es hat über ein Jahrtausend bestanden.

Der Kopf des Apoll aus dem Giebelrelief des Zeus-Tempels in Olympia.

Apoll war in seiner frühen Zeit ein kriegerischer und grausamer Gott. Im Trojanischen Krieg unterstützte er die Trojaner, half ihnen in den Schlachten, suchte die griechischen Belagerer mit einer Seuche heim. Er lenkte die Hand des Paris, als dieser Achill tötete. Im Laufe der Jahrhunderte verliehen die Griechen ihm aber ein milderes, humaneres Image. Der Mythos hat ihn sozusagen reifen lassen.

Er ist nun der Gott der Musik, der Weissagung und der Heilkunst. Für die Griechen war er aber viel mehr: der Gott der Selbsterkenntnis, des Maßes und der sinnvollen Ordnung. Für den modernen Menschen ist diese Weltsicht vielleicht schwer verständlich. Apolls Attribute sind der Bogen und die Leier (Lyra). Beide haben denselben Ursprung und sind wesensmäßig sehr ähnlich. Der Sehne des Bogens wie den Saiten der Leier kann man Töne entlocken. Für die Griechen war es ein selbstverständlicher Gedanke, die *Erkenntnis des Richtigen* im Bild eines guten *treffenden Bogenschusses* darzustellen.

Wie Musik und die Kunst des Treffens für Apoll zusammenhängen, beschreibt der Mythenforscher Walter F. Otto: „Eine göttliche Erkenntnis ist es, die aus Apollons Musik tönt. In allem schaut und trifft sie die Gestalt. Das Chaotische muss sich formen, das Ungestüme im Ebenmaß des Taktes einhergehen, das Widerstrebende sich vermählen in der Harmonie. So ist diese Musik die große Erzieherin, der Ursprung und das Symbol aller Ordnung in der Welt und im Menschenleben. Der Musiker Apollon ist derselbe wie der Stifter der Ordnungen, derselbe wie der Kenner des Richtigen, des Notwendigen und Künftigen." (Otto 1993, S.8ff)

Gedanken, die sehr an die Philosophie des Pythagoras von Samos (570 bis 510 v. Chr.) erinnern. Dieser große Mathematiker, Musiker und Denker sah das ganze Universum von einem einzigen ordnenden Prinzip beherrscht: dem Gesetz von Proportion und Zahl. Was heißt: das ganze Weltall ist im Wohlklang der Verhältnisse miteinander verbunden. Das Wesen dieser Ausgewogenheit ist Musik, als unhörbare Musik der Sphären strömt sie vom Firmament und vereinigt sich mit der Eintracht suchenden Seele auf der Erde. Dieselben Gesetze von Zahl, Proportion und Musik beherrschen also die Bahnen der Planeten, der Wandelsterne, die Welt der Töne und die Seelen der Erdenbewohner. Die antiken Griechen hatten einen eigenen Begriff für dieses Wohlgeordnetsein des Universums: *Kosmos*, der eben *Ordnung* bedeutet. Apoll und Pythagoras wurden in der Antike immer mehr zu *einer Gestalt*.

Aus dieser philosophisch-religiösen Gedankenwelt heraus lässt sich auch die Rolle Apolls als der *Reinigende und Heilende* verstehen. Die Griechen waren, im Gegensatz zur modernen eher materialistischen Art zu denken, davon überzeugt, dass Materie und Geist eng miteinander verbunden sind und aufeinander einwirken. Apoll kann deshalb von der Wirklichkeit der düsteren Dämonen befreien, die Körper und Geist befallen können. Und er kann die Schuldigen entsühnen. Sein humanes Ideal gipfelt in der Forderung, die über dem Eingang seines Tempels in Delphi eingemeißelt war: *Erkenne dich selbst!*

Dies ist kein Apell an die individuelle Seele einer Person, sondern er verweist den Menschen darauf, nicht der Hybris zu verfallen, sondern seine Grenzen zu erkennen und sich in die Ordnung des Kosmos einzufügen. Eine angesichts der gegenwärtigen globalen Krise auch für die heute lebenden Menschen höchst aktuelle Einsicht, wie überhaupt die universale Sprache des Mythos nirgendwo so eindrucksvoll und großartig formuliert ist wie in der apollinischen Weltsicht.

Apoll, Kreta, die Dorer und das geheimnisvolle Land der Hyperboreer

Was hat dieser Gott aber mit Kreta zu tun? Um diesen Zusammenhang herzustellen, muss man auf die Herkunft Apolls eingehen. Sein Vater war Zeus, der ja auch aus Kreta stammte, seine Mutter war die Hyperboreerin Leto. Das geheimnisvolle Land der Hyperboreer lag für die Griechen irgendwo im fernen Norden, über den sie so gut wie nichts wussten. Das Wort bedeutet: jenseits des Nordwindes *Boreas*. Die Griechen stellten sich die Hyperboreer als heiliges Volk vor, das weder Krankheit noch Alter kennt und dessen Leben ein einziges heiteres und berauschendes Fest war - angefüllt mit den Freuden des Lebens, von herrlichen Festmahlen und der Musik von Leier und Flöten.

Als Apoll geboren wurde, schenkte Zeus ihm einen von Schwänen gezogenen Wagen, mit dem er jeden Winter von Delphi aus in das Land der Hyperboreer flog, das er als seine zweite Heimat ansah. Wenn es in Delphi Frühling wurde und die Natur zu neuem Leben erwachte, ließ er die Schwäne wieder den Weg zurück nach Delphi nehmen. Der Dichter Alkaios (630 bis 580 v. Chr.) hat in seinen Hymnen an Apoll beschrieben, wie die Bewohner des Orakels ihn dann mit Jubel, dem Absingen von Päanen und Tanz empfingen. Selbst die Natur stimmte in die Begeisterung mit ein: „Es war Sommer und die Nachtigallen und die Schwalben und die Zikaden sangen für ihn; silbern sprudelte die kastalische Quelle und der Kephissos schwoll mit den dunkelleuchtenden Wogen." (Roeske 2019) Der Dichter Kallimachos (305 bis 240 v. Chr.) gab sich ebenso begeistert. Er fühlte geradezu die Nähe des Gottes: „Der Lorbeer erzittert, und in den Lüften singen die Schwäne, der ganze Tempel (in Delphi, d. Verf.) wankt," (Pfeiffer 1949/53) vor Freude über die Heimkehr Apolls, muss man ergänzen. Und noch der römische Dichter Claudian (370 bis 404 n. Chr.), der Jahrhunderte später lebte, sah bei der Ankunft des Apoll „die Stimmen der Wälder und Grotten erwachen". (Wedekind 1868)

Es ist schwer, konkrete Aussagen über das Volk der Hyperboreer zu machen. Durch Apoll erlangten sie aber für die griechische Mythologie große Bedeutung. Der Historiker Herodot (490/480 bis 430/420 v. Chr.) berichtet über sie, dass sie zu Ehren Apolls regelmäßig Festgesandtschaften auf seine Insel Delos schickten. Sie seien über Epirus - also Nordgriechenland - gekommen. Noch heute kann man auf Delos das Grab der beiden Hyperboreerinnen Opis und Arge sehen, um die es in der Antike einen regelmäßigen Kult gab.

Herodot schreibt weiter, dass die Hyperboreer am Okeanos wohnten (dem großen Meer, das nach griechischer Vorstellung die Welt umfloss, d. Verf.), dort, wo es den Bernstein gibt. Ein Hinweis, der eindeutig auf Mitteleuropa verweist. Der Geograph und Historiker Plinius der Ältere (23 bis 79 n. Chr.) schrieb: „Die Hyperboreer leben im äußersten Norden Europas am Ozean, der neunte Parallelkreis geht durch das Hyperboreer-Land und durch Britannien." (Paulys 1951) Das entspricht dem 52. bis 57. Grad nördlicher Breite. Auch Plinius bringt die Hyperboreer mit dem Bernstein in Verbindung. Großbritannien kann dieses Land aber nicht sein, weil es dort keinen Bernstein gibt. Der griechische Reiseschriftsteller Pausanias (um 115 n. Chr.) schrieb, dass die Hyperboreer am Meer im Norden lebten, wo es Ebbe und Flut gebe und außerdem auch Bernstein. Mit diesem legendären Land war Apoll eng verbunden und das heißt: auch mit den Dorern, deren Stammgott er vermutlich war. Dieses Volk hat Kreta über ein Jahrtausend lang beherrscht. (Pausanias 1987)

Ab etwa 1200 v. Chr. spielten sich auf dem Balkan, in Griechenland, auf Kreta und in Kleinasien dramatische Ereignisse ab. Von Norden her wälzte sich eine wahre Völkerflut heran. Offenbar getrieben von Hunger und materieller Not, fielen diese *Barbaren* als Vernichter der einheimischen Kulturen ein. Sie wanderten in Richtung Balkan, Griechenland und Kleinasien. Panikartig hatten diese Stämme ihre bisherigen Wohnsitze verlassen, um in den hoch entwickelten und deshalb reichen Mittelmeerkulturen neue Lebensmöglichkeiten zu finden.

Der Althistoriker Günther Kehnscherper schreibt: „Ein hungerndes Volk drängte das andere. Immer wieder war der Weg durch verelendete Stämme versperrt, die ihre letzten Vorräte verteidigten. Was zunächst als Wanderung und Landsuche begann, entwickelte sich immer mehr zu furchtbaren Raub- und Vernichtungszügen, zu einem Kampf aller gegen alle. Die Wellen der ‚Großen Wanderung', die auch ‚Ägäische Wanderung' genannt wird, erstreckte sich über drei oder vier Generationen." (Kehnscherper 1963, 114) Der englische Gräcist M. I. Finley beschreibt das Ende des gewaltigen Migrationsprozeses als *Katastrophe, Zusammenbruch und Verfall* und sieht den Beginn der Bewegung in Mitteleuropa. (Finley 1976) Über die letzten Ursachen des Auszuges ganzer Völker aus ihren Heimatgebieten herrscht noch immer keine Klarheit. Offenbar hatten Klimaveränderungen zu Dürreperioden geführt, die wiederum verheerende Hungersnöte zur Folge hatten. Auf jeden Fall steht der Ausgangspunkt der Großen Wanderung fest. Es handelte sich bei den Landsuchenden zunächst um Angehörige der *Urnenfelderkultur* Mitteleuropas, die ihren Namen deshalb tragen, weil sie ihre Toten verbrannten und ihre Asche in Urnen beisetzten – eine Bestattungsart, die es bis dahin im Mittelmeer nicht gab. Andere Völker und Stämme stießen zu ihnen, sodass eine bunt gemischte Völkerkoalition entstand. Die wandernden Horden, die *Nord- und Seevölker* genannt werden, stießen vom Ende des 13. Jahrhunderts v. Chr. an in mehreren großen Wellen in die ungarische Tiefebene vor. Hier hielten sie sich einige Zeit auf. Von Ungarn aus zogen die Urnenfelderleute donauabwärts, ein Teil ging über den Bosporus nach Kleinasien, ein anderer nach Griechenland und den Peloponnes und dann weiter nach Kreta, Rhodos und Zypern. Dann setzten sie nach Ägypten über, wurden in der Nilmündung von der Armee des Pharao Ramses III. aber vernichtend geschlagen. An der großen Zahl von Funden lässt sich der Wanderweg genau rekonstruieren.

Kreta wurde also von fremden Eroberern aus dem Norden überrannt. Und Tatsache ist auch, dass die Dorer mit der Großen Wanderung zu tun haben. Über die Frage, welche Rolle sie genau in diesem gewaltigen historischen Ablauf spielten, sind die Historiker nicht einer Meinung. Die einen nehmen an, dass es die Dorer waren, die als Teil der Nord- und Seevölker-Koalition - in der zweiten Welle des Völkersturms - die mykenische Kultur auf dem Festland und in Kreta zerstörten. Andere wieder meinen, dass die Dorer nicht direkt zur Großen Wanderung gehörten, sondern nur Nachzügler gewesen seien. Nach dieser Version sind sie aus dem dalmatinisch-albanischen Raum gekommen und haben erst nach längerem Aufenthalt in den nordgriechischen Bergen, wo sie als Hirten und Bauern lebten, den Weg in den Süden angetreten - also erst dann, als die mykenischen Burgen schon zerstört waren.

Für die Vermutung, dass sie aber doch zu den Urnenfelderleuten oder den Nord- und Seevölkern gehörten, spricht, dass die dorische Wanderung in zwei Zeitabschnitten zu belegen ist. Die frühesten Spuren der Dorer finden sich in Griechenland um 1200 v. Chr., dann folgt eine Zeit, wo ihre Spuren fehlen, um 1100 v. Chr. zeigen sich ihre Hinterlassenschaften dann wieder sehr zahlreich. Die Archäologen sprechen von zwei Bewegungshorizonten oder einer *Zweiteilung* der dorischen Wanderung. Kamen die Dorer also doch aus dem Norden? Der griechische Historiker Timagenes (1. Jhd. v. Chr.), der an der großen Bibliothek in Alexandria studiert hatte, schrieb über sie: „Die Dorer wurden von den äußersten Eilanden und aus dem jenseits (östlich, d. Verf.) des Rheins liegenden Gebieten durch anhaltende Kriege und große Überschwemmungen des Meeres aus ihrer Heimat vertrieben und wanderten nach Griechenland aus. Nach dem Fall von Troja ist eine Schar hierher gekommen, wo sie damals unbewohnte Gebiete eingenommen haben." (Timagenes o. Jg.)

Ein Beleg dafür, dass die Dorer ein Teil der barbarischen Nord- und Seevölker oder Urnenfelderleute waren, ist der Gott Apoll. Sein Kult ist mit großer Wahrscheinlichkeit auf Kreta entstanden, und Kreta war dorisch. Hier genoss er die größte Verehrung. Er gilt als Stammgott der Dorer. Und seine Verbindungen zum fernen Norden sind Legion. Sind die Dorer also mit den Hyperboreern identisch?

Die Beziehung Apolls zum dorischen Kreta blieb immer eng. Die Samaria-Schlucht galt als sein Heiligtum. Das Dorf Agia Roumeli, wo heute die Durchwanderer der Schlucht ankommen und an Bord der Schiffe gehen, ist auf dem Grund der dorischen Stadt Tarrha errichtet, wo es ein großes Apoll-Heiligtum gab. Apoll soll sich dort im Haus seines Priesters Karmanor mit einer Nymphe vermählt haben. Von hier aus startete Apoll mit dem Schiff zum Golf von Korinth, wo er zum Parnass aufstieg und den Platz für sein Heiligtum auswählte. Bevor er aber den Ort in Besitz nehmen konnte, musste er den dort hausenden Drachen erschlagen, das Symbol der chthonischen Erdmächte. Karmanor begleitete ihn dann nach Delphi und entsühnte ihn dort vom Blut des Drachens.

Es führt also ein direkter Weg von Tarrha nach Delphi, das seinen Namen von den Delphinen hat, die das Schiff Apolls auf der Überfahrt begleiteten. In Delphi gehört die große Schlucht (zwischen zwei riesigen Klippen am Fuße des Berges Parnassos - die Phaidriaden, d. Verf.) direkt zum Heiligtum - auch diese riesige Erdspalte ist vielleicht ein uraltes Symbol der Erdmutter Gaia, aus deren dunklen Tiefen die Stimme des Orakels kam -. Diese Schlucht musste Apoll an die Samaria-Schlucht erinnern. Auf einem Hügel am Rande der Samaria-Schlucht, wo heute ein kleines Kapellchen steht, soll es einst einen Tempel Apolls gegeben haben. Ein Reisender aus Florenz, der im fünfzehnten Jahrhundert diese Gegend besuchte, hat ihn noch gesehen - wie die Ruinen des Apoll-Heiligtums in Tarrha.

Pausanias hörte in Delphi Berichte über den hyperboreeischen Ursprung des Orakels. In einer alten Ode heißt es, dass der Dichter Olen und andere Abkömmlinge aus dem Land der Hyperboreer dem Apoll hier ein Orakel eingerichtet haben. Olen habe auch als erster geweissagt und seine prophetischen Sprüche in der Versform des Hexameters verkündet. Es gibt noch einen weiteren mythischen Beleg für die dorische Abkunft Apolls: Es ist die Göttin Eilythyia, von der es hieß, dass sie wie Apolls Mutter Leto aus dem Hyperboreerland stammt. Sie folgte Leto von dort nach Delos und half ihr als Hebamme bei der Geburt von Apoll. In Kreta wurde sie an verschiedenen Orten als Geburtsgöttin verehrt - etwa in der Bergstadt Lato (nach Leto benannt) oberhalb von Agios Nikolaos. Dort war sie sogar die Hauptgöttin des Ortes. Eileithyia wurde auch in einer Höhle verehrt, die in den Bergen einige Kilometer östlich von Heraklion bei Amnissos liegt.

Apoll ist also ganz offensichtlich kretischer Herkunft. Sein Kult ist auf Kreta entstanden - und wäre damit, wie so viele andere Mythen, aus der großen Umbruchszeit hervorgegangen, die ab etwa 1200 v. Chr. völlig neue Verhältnisse in der Region des östlichen Mittelmeeres geschaffen hat. Es spricht also vieles dafür, dass die Dorer ein Teil des großen barbarischen Völkersturms waren, der um 1200 v. Chr. über Griechenland und das östliche Mittelmeer hinwegging. Aber diese Völker waren nicht nur Barbaren, zeigen ihre Hinterlassenschaften doch, dass sie als Erbe mehr zurückließen als nur zerstörte Paläste und verwüstete Landschaften. Die Ankunft dieser Völker und die Vermischung mit den bisher dort lebenden Bewohnern leiteten in Griechenland eine gesellschaftliche und politische Revolution ein. Der britische Archäologe R.A.S. Macalister schreibt über diese Umwälzung: „Neue Mächte auf Erden, neue Götter am Himmel, neuer Stil in der Architektur, neue Rüstungen und Kriegsmethoden, ein Alphabet und das Eisen! Kreta und Mykene sind passé, die glorreichen Tage des klassischen Griechenlands liegen vor uns.“ (Spanuth 1989) der Tat. Im Mythos und in der Religion kann man die große Wende, die sich um das Jahr 1200 v. Chr. vollzog, noch gut ablesen. Die britische Anthropologin Lyn Webster Wilde hat den Umbruch so beschrieben: „Herakles verkörperte den Geist der patriarchalischen Dorer, die um das Jahr 1200 v. Chr. in Griechenland eindrangen, die Macht an sich rissen und die alte, die Große Göttin verehrende Kultur nach und nach überlagerten. Herakles ist der mythische Repräsentant der Dorer, ein Vertreter des Wandels, der Mann, der die erforderlichen Schritte unternimmt, um eine Gesellschaft zu transformieren, die sich noch fest im Griff der Erdmutter befindet. Mit ihm gewinnt der maskuline Mann die Kontrolle und unterwirft die feminine Natur. Die aus dieser Transformation resultierende Gesellschaft ist das klassische Griechenland, das Sokrates, die Demokratie, die Tragödie und den Rationalismus hervorbrachte und dessen Geist unsere Zivilisation heute erfüllt."(Spanuth 1989)

Sechstes Kapitel

Was der listige Odysseus bei seiner Heimkehr nach Ithaka über Kreta erzählt

Sieben Mal Homer in seiner *Odyssee* Kreta. Berühmt sind die Verse, in denen er die Insel besingt und Odysseus sagen lässt:

Kreta ist ein Land inmitten des purpurnen Meeres,
Schön und reich und ringsum umströmt; es leben dort aber
Zahllos viele Menschen in neunzig Städten darinnen.
Ihre Sprache ist bunt gemischt; da sind die Achäer,
Da die stolzen Eteokreter, da die Kydonen,
Dorier, dreifachen Stammes, und auch die hehren Pelasger.
Drinnen ist Knossos, die große Stadt; es herrscht dort Minos
Jeweils für neun Jahre, des Zeus, des großen Vertrauten,
Meines Vaters, des hochgemuten Deukalion, Vater.
Aber Deukalion mich und den Herrscher Idomeneus zeugte,
doch der ging nach Ilion dann in geschnäbelten Schiffen.

Auf der Insel herrschte der König Idomeneus, ein Enkel des Minos. Er führte die kretische Streitmacht von achtzig Schiffen in den Trojanischen Krieg. Er zeichnete sich in den Kämpfen aus und kehrte unversehrt nach Kreta zurück. Anders erging es Menelaos, dem König von Sparta, der Helena, die schönste Frau ihrer Zeit geheiratet hatte. Als Priamos, der Sohn des trojanischen Königs sie geraubt hatte, bemühte Menelaos sich um ihre Herausgabe, hatte jedoch keinen Erfolg. Das war der Anlass für die Griechen, nach Troja zu ziehen und die Stadt nach langer Belagerung zu erobern.

Auf der Rückreise läuft ein Teil der Flotte des Menelaos auf ein Riff zwischen dem südkretischen Kommos und den Inseln Paximadia, die Schiffe zerschellen. Homer beschreibt die Felsen im Wasser, die es heute dort noch gibt, mit genauer Ortskenntnis. Es heißt da: „In dem dunstigen Meer am äußeren Rand von Gortyn, dorthin treibt der Süd die Flut nach links auf das Kap hin, Phaistos zu; der kleine Stein hält die Flut mächtig ab (...), die Schiffe zerschlugen dort im Wasser." (Homer 1984)

Odysseus musste unterdessen auf seiner langen Irrfahrt von Troja aus viele Abenteuer bestehen. Die Zauberin Kirke auf der Insel Aiaia, bei der Odysseus ein Jahr verbrachte, verriet ihm das Geheimnis, wie er die toten Geister des Hades heraufbeschwören konnte. Er musste mit seinen Gefährten am Totenfluss Acheron ein Loch in einen Felsen graben und Opfer bringen. Aus der Unterwelt kam daraufhin die Schattenseele seiner Mutter Antikleia hervor, und Odysseus konnte mit ihr sprechen. Der Schatten des Sehers Teiresias gab ihm Ratschläge und prophezeite ihm die Zukunft. Odysseus sah noch die Schatten von vielen berühmten Toten, so auch „Ariadne, die schöne Tochter des bösgesinnten Minos, die Theseus aus Kreta als seine Frau heimführen wollte auf den heiligen Hügel in Athen (der Akropolis, d. Verf.), aber vergeblich, denn auf der umfluteten Dia (Insel vor Heraklion, d. Verf.) tötete Artemis sie, da Dionysos wider sie zeugte." (Homer ebd.) Homer benutzt hier offenbar eine andere Version der Ariadne-Geschichte.

Als Odysseus mit seinem Schiff seine Heimatinsel Ithaka fast erreicht hatte, erschien ihm Athene und warnte ihn vor den Freiern, die seinen Palast umlagerten und um seine Frau Penelope warben. Sie würden ihn umbringen, sagte die Göttin, wenn er dort allein auftauche. Um ihn vor dieser Gefahr zu schützen, verändert sie sein Aussehen und machte aus ihm einen alten, in Lumpen gehüllten Bettler. In Ithaka suchte Odysseus die Hütte seines Schweinehirten Eumaios auf, eines Sklaven, der immer treu zu ihm gestanden hatte. Eumaios nahm den alten Mann freundlich auf. Odysseus gab sich ihm nicht zu erkennen, deutete aber an, dass sein Herr bald zurückkehren würde.

Odysseus erzählte Eumaios nun seine Erlebnisse, die aber von vorn bis hinten eine sehr gut ausgedachte Lügengeschichte waren, denn er musste seine wahre Identität ja verbergen. Odysseus gab sich als auf Kreta geborener Bastard aus, als Sohn des mächtigen Kastor und einer Konkubinen-Sklavin. Als Kastor starb, betrogen ihn dessen Söhne um einen gerechten Anteil an der Erbschaft. Er heiratete aber eine reiche Frau. Im Hause mit der Familie hielt es Odysseus aber nicht lange, da er ein starker und begeisterter Krieger war. Als kretischer Militärführer nahm er an verschiedenen Feldzügen teil und führte mit König Idomeneus die kretischen Truppen im Krieg gegen Troja an.

Als er nach Kreta zurückkam, erfreut er sich eine Zeitlang an seiner Familie, aber dann zog es ihn wieder zu Abenteuern und Gefahren in den Krieg. Er stellte eine Mannschaft von gleichgesinnten Gefährten zusammen und segelte mit ihnen nach Ägypten. Im Nildelta gaben sich die Männer *ihrem Mutwillen* hin und begannen das Land zu verwüsten. Sie töteten viele Ägypter und raubten ihre Frauen und Kinder. Die Einheimischen wehrten sich und schlugen die Räuber in die Flucht, was, wie Odysseus anmerkt, von Zeus veranlasst war. Als viele seiner Männer erschlagen waren, gab Odysseus einer Eingebung nach. Er nahm seinen Helm ab, warf Speer und Schild zur Seite und näherte sich dem Streitwagen des ägyptischen Königs. Er umfasste dessen Knie und küsste sie – ein klassischer Akt der Unterwerfung, wie er in Griechenland in solchen Situationen üblich war.

Homer schreibt, dass Zeus Odysseus zu dieser Selbsterniedrigung bewogen habe. Der ägyptische König nahm die Geste an und rief seine wütenden Untertanen zurück, die nach Rache forderten. Der König hatte vermutlich Angst vor dem Zorn des Zeus, der die Fremden stets schützte. Odysseus stand als Fremder in Ägypten und als Bittsteller offenbar wirklich unter dem Schutz der Götter. Der ägyptische König nahm Odysseus in seinen Streitwagen, brachte den Weinenden in seinen Palast und nahm ihn dort mit allen Ehren auf. Odysseus blieb in Ägypten und wurde von den Einheimischen freundlich und zuvorkommend behandelt - nicht weil sie naiv und vertrauensselig waren, sondern weil ihr König den um Hilfe flehenden Kreter als Ehrengast aufgenommen hatte.

Als Odysseus sieben Jahre in Ägypten verbracht hatte, tauchte ein phönizischer Geschäftsmann dort auf, den Homer als einen gerissenen und habgierigen Gauner schildert. Er bot Odysseus gemeinsame lukrative Geschäfte an und wollte ihn deshalb in seine phönizische Heimat mitnehmen. Das war aber nur ein Vorwand, denn in Wirklichkeit wollte er ihn zu einem hohen Preis als Sklaven verkaufen. Das Schiff nahm zunächst Kurs auf Kreta, der Wind änderte dann aber seine Richtung, trieb es in einen Seesturm und wurde zerschmettert. Neun Tage lang klammerte sich Odysseus an einen abgebrochenen Mast, bis ein vorbeikommendes Schiff ihn rettete.

Er erreichte Land, der dortige König nahm ihn auf und stellte ihm ein Schiff zur Verfügung, das ihn nach Ithaka bringen sollte. Die Mannschaft versuchte aber ihn zu versklaven. Sie fesselten ihn und legten mit dem Schiff in Ithaka an. Hier schließt sich der Kreis. Athene hatte aus ihm ja einen in Lumpen gehüllten alten Bettler gemacht. Nun löste sie die Fesseln des Kreters und ließ ihn seinen Häschern entkommen. So tauchte Odysseus in der Hütte des Eumaios auf. Dieser war sehr berührt von der Geschichte, die Odysseus ihm erzählte und glaubte ihm jedes Wort. Homer war offenbar ein Meister darin, das Spiel mit Wahrheit und Trug zu betreiben.

Odysseus als Überwinder des archaischen Mythos und als Übermensch im Sinne Nietzsches

Die Lügengeschichte des falschen Kreters belegt einen immer wiederkehrenden Topos der griechischen Mythen: In den Verlauf von Geschichten der Menschen wird immer wieder das Einwirken der Götter hineinverwoben. Ohne die Mitwirkung der Götter wären die Abenteuer des Odysseus gar nicht möglich gewesen. Die Gestalt des Odysseus hat unendlich viele Deutungen erfahren, die hier aufzuführen unmöglich ist. Erwähnt werden soll aber, wie die Philosophie der Frankfurter Schule - hier Theodor W. Adorno und Max Horkheimer - den listenreichen Fürsten aus Ithaka sehen. (Adorno/Horkheimer 1971, 42ff.)

Odysseus wird als der Prototyp des modernen progressiven Menschen dargestellt, der durch Denken, List und Entsagung die archaische Vorwelt und die mythisch erfahrenen Naturgewalten überwindet und so zum ersten Vertreter einer bürgerlichen Aufklärung wird. Seine lange Irrfahrt kann als das Ringen des modernen, aufgeklärten Individuums mit den Mächten des Mythos angesehen werden. Seine List besteht im Wesentlichen darin, sich den mächtigen fremden Gewalten zunächst zu fügen, sich ihnen vorgeblich zu unterwerfen und sich ihnen anzupassen, um dann umso mehr über sie triumphieren zu können. Dass der Prozess der zunehmenden Rationalisierung und Naturbeherrschung in der Menschheitsgeschichte dann nach Adorno und Horkheimer seine eigenen Gefahren und das Risiko mit sich bringt, in einer neuen Barbarei zu versinken, sei hier nur angedeutet.

Direkt an die *Odyssee* knüpft auch der kretische Schriftsteller Nikos Kazantzakis (1883 bis 1957) an, wenn auch in ganz anderer Weise. Denn sein Ausganspunkt ist die Philosophie Friedrich Nietzsches (1844 bis 1900), und von dessen Ideal des *Übermenschen* ausgehend deutet er Odysseus. Der Übermensch ist für Kazantzakis ein Ziel, das nicht außerhalb des Menschen liegt, sondern in ihm selbst. Der Mensch kann durch eigenes Bemühen über sich hinausgelangen. Der Übermensch ist vor allem derjenige, der Grenzen überschreitet, auch äußerste - vor denen der Normalmensch zurückschreckt.

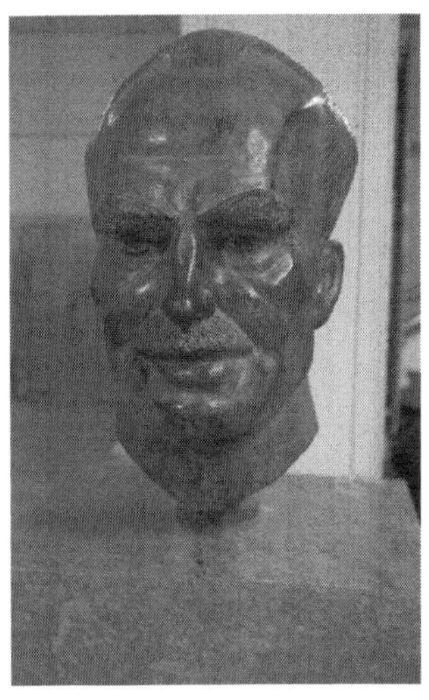

Bronze-Büste von Nikos Kazantzakis im Flughafen von Heraklion, der nach ihm benannt ist.

Dazu gehört aber - und das ist die Bilanz, die Kazantzakis aus der Lehre Nietzsches zieht -, befreit zu sein von jedem metaphysischen Trost und keine moralischen oder philosophischen Werte als übergeordnet, das heißt von einer höheren Macht (etwa Gott) herkommend anzuerkennen, sondern sich auf sich selbst zu besinnen und, an die Stelle jener von einer angeblich höheren Instanz verordneten Werte, bewusst eigene Werte zu setzen und voll selbst verantwortlich zu sein. Wie Nietzsche lehnt Kazantzakis nicht jede Moral ab, sondern nur die lebensfeindliche.

Für Kazantzakis kann die wirkliche innere Freiheit erst beginnen, wenn man in die furchtbaren Abgründe des Lebens geblickt hat, was auch heißt, dass man sich bewusst sein muss, dass der Mensch aus dem Unbekannten kommt und wieder ins Unbekannte zurückkehrt. Furchtlos in den Abgrund zu schauen heißt aber auch, jede Hoffnung aufzugeben - und dass man diesen Abgrund nicht mit tröstlichen Hilfskonstruktionen wie Gott, Unsterblichkeit oder Paradies überdeckt. Wenn man an diesem äußersten Punkt angekommen ist, kann man wie Kazantzakis sagen, dass man völlige innere Freiheit erlangt hat.

Für diese Haltung hat Kazantzakis einen besonderen Ausdruck: den *kretischen Blick*. Er hat diesen Begriff aus dem Bild der minoischen Stierspringer abgeleitet, denn diese jungen Leute wagten den gefährlichen Sprung über den mächtigen gehörnten Bullen unerschrocken, ohne Angst und voll am Abgrund des Todes stehend. Der *kretische Blick* ist also die bewusste furchtlose und ohne auf Hoffnung spekulierende Sicht auf die Sinnlosigkeit, das Chaos und den Tod. Aber das bedeutet keineswegs, in Resignation zu verfallen. Der Übermensch zeichnet sich dadurch aus, Grenzen zu überschreiten. So gut wie alle Helden in Kazantzakis Werken sind Grenzüberschreiter, wie zum Beispiel Alexis Sorbas, der, indem er die bürgerliche Moral abgelegt hat, das Leben in seiner Totalität ungehemmt liebt und lebt.

Am schönsten und klarsten gestaltet Kazantzakis diese Gedanken in seinem 33 333 Verse umfassenden Epos *Odyssia* - eine Fortsetzung der homerischen *Odyssee*. Der Dichter lässt seine neue *Odyssee* da beginnen, wo Homers Werk endet. Odysseus kommt nach seiner langen abenteuerlichen Seefahrt von Troja zurück nach Ithaka, fühlt sich dort wie ein Fremder, findet keinen Kontakt mehr zu Frau und Sohn, das spießige und eintönige Leben in der Heimat stößt ihn ab. Er beschließt deshalb, die Insel wieder zu verlassen und erneut ins Unbekannte aufzubrechen - immer auf der Suche nach neuer Erkenntnis. Odysseus hat alle Tiefen des Daseins erlebt, er ist deswegen hoffnungs- und furchtlos, aber ohne Verwegenheit. Er lebt immer aufrecht am Rande des Abgrunds - er hat den *kretischen Blick*. (Kazantzakis 1993, 517ff.)

Odysseus bricht alle Brücken hinter sich ab, verzichtet auf alle Sicherheiten eines behäbigen, bürgerlichen Daseins und entscheidet sich für ein Leben voller Risiko und in höchster Intensität. Vor allem will Kazantzakis' Odysseus seine eigene Begrenztheit überwinden, so wie Nietzsche es im *Zarathustra* gefordert hat: sich selbst zu überwinden und auf eine höhere Ebene aufzusteigen, sich stets selbst zu übertreffen - die Grenzen zu überschreiten, sich auf sich selbst zurückzubesinnen, um dem Ideal des Übermenschen näherzukommen, das im Unendlichen liegt.

Nach vielen Abenteuern bricht Odysseus zur letzten Station seiner Reise auf: zum menschenfeindlichen Südpol - ein Symbol für die letzte Grenze des Menschen, die es zu überwinden gilt. Hier tanzt er einen orgiastischen, dionysischen Tanz, der ihm übermenschliche magische Kräfte verleiht. Raum und Zeit werden für ihn zur Einheit. Er hat die letzte Hoffnung besiegt und die absolute Freiheit erlangt. Furchtlos tritt er dem Tod entgegen. Wenn er dionysisch ja sagt zum Leben, dann meint er, es ohne Vorbehalt so zu bejahen, wie es ist - auch in seinen furchtbarsten Erscheinungen. Vergehen, Vernichten und Zerstören gehören untrennbar zum Zyklus und zur Einheit des Lebens - auch der Tod. Der Tod ist nur ein anderer Aggregatzustand des Lebens. Im ewigen Wechsel von Entstehen und Vergehen sind die Schranken zwischen Leben und Tod aufgehoben. Diesen Zustand hatte Odysseus erreicht und deshalb konnte er seinem Ende unerschrocken gegenübertreten.

Es ist keine Frage, dass Kazantzakis‘ Odysseus, der in vieler Hinsicht die Züge Zarathustras aufweist, ein Abbild der geistigen Haltung des kretischen Schriftstellers ist, ein *alter ego* sozusagen. Eine höhere Stufe des Menschseins zu erreichen - im besten und humanen Sinn des Wortes - ein Übermensch zu werden, war das Ziel des großen Kreters. Dass er das für sich selbst erreicht hat, belegt die Inschrift, die er für den Grabstein seiner letzten Ruhestätte auf der Martinengo-Bastion auf der Stadtmauer von Heraklion formuliert hat: *Ich hoffe nichts, ich fürchte nichts, ich bin frei.*

Siebtes Kapitel

Als der Heilgott Asklepios nachts nach Lentas kam

Lentas, das kleine kretische Dorf, ist ein besonderer Ort, nicht nur wegen seiner einzigartigen Lage an den südlichen Ausläufern des Asteroussia-Gebirges am Libyschen Meer. Es wird überragt von einem mächtigen Berg, der die Gestalt eines Löwen hat und deshalb auch den Namen des Königs der Tiere trägt: Löwenberg. Wohl wegen seiner einmaligen Lage in einer grandiosen Natur und seines milden, fast schon afrikanischen Klimas schrieb man dem Ort heilende Kräfte zu. Und so brachte die mythische Phantasie ihn mit dem Heilgott Asklepios in Verbindung, dem die Menschen der Antike schon sehr früh hier ein Heilzentrum widmeten.

Der Felsenlöwe, der hier im Meer badet und nach Afrika hinüberschaut, soll dem Mythos zufolge einer der Löwen sein, die den Wagen der Göttermutter Rhea zogen und versteinert wurde. Es gibt eine Inschrift aus der hellenistischen Epoche *(Vios Apollonion)*, die besagt, dass die Menschen, die sich hier im 4. Jahrhundert v. Chr. im Tempel des Heilgottes Asklepios in Lentas versammelten, weil sie dort Heilung von ihren Leiden suchten, lange darüber diskutierten, warum eines der Zugtiere der Göttermutter Rhea zu Stein geworden sei. Der Mythos ist nicht vollständig erhalten, sodass man nicht weiß, wie es zu der Versteinerung kam. Eine Version behauptet, dass Rhea den Löwen selbst bestraft hat, weil er sich heimlich absetzen wollte, um ihr in der Höhle im Ida-Gebirge versteckte Geheimnis - den jungen Zeus - zu verraten. Die andere Version besagt, dass Rhea selbst den Löwen erlöste, da er völlig erschöpft oder schwer verwundet war, indem sie ihn in Stein verwandelte. Er sollte sich als Belohnung für treue Dienste für immer mit dem Blick auf die herrlichen Küsten des Libyschen Meeres ausruhen können. Da liegt er heute noch und schaut majestätisch und entspannt auf das weite Wasser in Richtung Afrika. Und auch seine enge Verbindung zur antiken Götterwelt belegt, dass es mit diesem Ort eine besondere Bewandtnis hat.

Die Ruinen des Tempels im Asklepion-Heiligtum in Lentas.

Wenn man heute den Tempelbezirk in Lentas besucht, erscheint er auf den ersten Blick wie eine Steinwüste, denn viel ist nicht geblieben von der einstigen Pracht, als die marmornen Hallen, Säulen und Statuen noch standen. Die in diesem geographischen Gebiet häufigen Erdbeben haben genauso zur Verwüstung beigetragen wie die plündernden und zerstörenden Hände der Menschen, die Jahrhunderte lang dieses antike Kleinod als Steinbruch benutzt haben. Die marmornen Kunstwerke wurden von den Kretern auch häufig zu Kalk gebrannt. Die Christen hatten in früheren Zeiten keinerlei Sinn für antike Schönheit und förderten ihren Abriss mit allen Mitteln, weil solche Stätten als heidnisch galten. Zum Beweis ihrer neuen Macht setzten die Kirchenoberen ihre Sakralbauten mit Vorliebe direkt auf solche alten Heiligtümer - auch in Lentas. Direkt neben dem Kirchlein aus dem 11. Jahrhundert kann man noch die Fundamente einer christlichen Basilika sehen, die aus Teilen des antiken Tempels gebaut wurde. Und von den Außenwänden der Kirche schauen den Besucher Bruchstücke von korinthischen Säulen an, die man dort verbaut hat.

Ich sitze oft hier auf einer der aus dem Boden ragenden Tempelstufen, blicke mit nostalgischer Wehmut umher und versuche die durch Abriss entstandene Leere und die steinernen Reste in meiner Phantasie wieder zu beleben - sozusagen eine rekonstruierte Computer-Simulation herzustellen, wie es damals hier aussah. Ich stelle mir vor, wie hier fremd, vielleicht sogar unheimlich aussehende Priester an diesem Platz ihren Kult vollzogen und Menschen aus allen Himmelsrichtungen hierherkamen, viele über das Meer aus Nordafrika, weil sie sich von dem Gott, der hier residierte, Heilung ihrer körperlichen und seelischen Leiden und Gebrechen versprachen, für viele von ihnen war Lentas sicher die letzte Hoffnung.

Ich sehe vor mir, wie dieser kleine Ort damals ähnlich wie heute von Touristen von Menschen wimmelte, die entweder auf dem Landweg über die Berge oder mit dem Schiff unten im Hafen eintrafen - viele auf Krücken sich schleppend oder auf Bahren getragen, viele von ihren Angehörigen oder dem Dienstpersonal begleitet, weil sie sonst die Mühe der langen Reise hierher gar nicht hätten auf sich nehmen können.

Wie viel Schmerz, Kummer und menschliches Leid oder auch Glück des Gesundens mögen sich in diesem kleinen Tempelbezirk abgespielt haben! Unten im Ort ging es derweilen vermutlich fröhlich zu. Da wurde in den Gassen gehandelt und gefeilscht und in den Tavernen gespeist, getrunken, gelacht oder um Geld und Sklaven gespielt, wie es in einem Hafen so zugeht. Kurorte und Handelsplätze sind ja immer auch Stätten des Vergnügens. Die Wirte und Besitzer der Gästehäuser und Pensionen verdienten gutes Geld an den Heilsuchenden und den Seeleuten, die die Menschen hierherbrachten.

Und auch den Priestern ging es gut, denn sie leisteten ihren Dienst nicht umsonst. Asklepios ließ sich seine Hilfe je nach Einkommen des Betreffenden bezahlen. Jahrhunderte lang war das so, bis ein anderes Heilsversprechen und andere politische Mächte die Oberhand gewannen. Tempel, Mauern, Säulen und Statuen fielen der Zerstörung und Plünderung anheim. Lentas versank im Boden der Geschichtslosigkeit, als hätte es diesen Ort nie gegeben. Da, wo einst der heilende Kult des Gottes stattgefunden und das blühende Hafenstädtchen Lentas gelegen hatte, standen nun Olivenbäume und Tamarisken, unter denen Schafe und Ziegen weideten.

Lentas (Lebén, Levin, Levina) war schon seit spätneolithischer bzw. frühminoischer Zeit bewohnt; es wurden Spuren einer Siedlung und Rundgräber aus dieser Zeit gefunden. Die Einwohner von Gortyn gründeten hier im 5. Jahrhundert v. Chr. das Asklepios-Heiligtum - Lentas war der Hafen von Gortyn -, das bald zu großem Ansehen gelangte. Das *Lexikon der Antike* von Pauly bezeichnet es als bedeutend. Vorbild war das Zentrum des Kultes - Epidauros auf der Peleponnes. Das Heiligtum bestand aus einem Tempel, einer Halle (*Abaton*) für die Behandlung der Heilungssuchenden, einer Quelle mit einem Nymphenhaus und einem unterirdischen Schatzhaus. Es muss auch einen Altar für die Opfergaben der Klienten gegeben haben.

Das Asklepieion in Lentas bestand über 1000 Jahre

Der heilige Bezirk wurde bis in die spätrömische Zeit von Kranken besucht. Aus der Geschichte des Ortes ist nur bekannt, dass Lentas 219 v. Chr. in einer militärischen Aktion von Gortyn endgültig in Besitz genommen wurde. Da diese mächtige Stadt in der Messara-Ebene auch Phaistos und den Hafen von Matala besaß, hatte sie die uneingeschränkte Herrschaft in Zentralkreta inne und schickte sich an, die Hauptstadt der Insel zu werden. Gortyn schloss Bündnisse mit Ägypten und Libyen, was sich sicher günstig auf den Heilort Lentas ausgewirkt haben dürften, weil auch viele Kranke aus Nordafrika hierherkamen. Funde belegen aber, dass auch vorher schon Kontakte zu dieser Region bestanden.

Das Heiligtum wurde nach dem jeweiligen Zeitgeschmack und den jeweils vorherrschenden Bedürfnissen immer wieder umgebaut. Ein katastrophales Erdbeben im Jahr 46 n. Chr. dürfte es weitgehend zerstört haben. Aber es wurde wieder errichtet und wird erst langsam seine Bedeutung verloren haben, als das Christentum 391 n. Chr. im Römischen Reich Staatsreligion wurde und alle heidnischen Kulte verbot. Denn die Kraft des Asklepios-Kultes war bis zuletzt - auch nach 900 Jahren noch! - ungebrochen, weshalb der Hass und die Zerstörung, mit der sich die Christen über die Heiligtümer des Gottes hermachten, besonders groß waren. Dazu mag auch die Ähnlichkeit der Gestalten Asklepios und Christus beigetragen haben. Der Vergleich wurde immer wieder angestellt. Der Kult erlosch endgültig erst im 5. Jahrhundert, so dass er insgesamt über 1000 Jahre bestanden hat.

Seine Bedeutung zeigt sich auch in der Zahl seiner Heiligtümer: es gab insgesamt 410, von denen Lentas eines der wichtigsten war. Dort wurde in frühbyzantinischer Zeit mit Bestandteilen des Asklepios-Tempels in seinem heiligen Bezirk fast demonstrativ die schon erwähnte dreischiffige Basilika errichtet. An ihrer Stelle steht heute die kleine Kirche Agios Joannis. Nach dieser Zeit ist wenig oder nichts von Lentas bekannt. Der Ort fiel, obwohl immer einige Menschen hier lebten, in einen historischen Dornröschenschlaf.

Vieles war also schon zerstört, als in den Jahren 1900, 1910 und 1912/13 die Archäologen der italienischen Schule, Federico Halbherr und Luigi Pernier, Ausgrabungen auf dem Gelände des Heiligtums vornahmen. Deshalb kann man sich heute nur ein ungefähres Bild vom früheren Aussehen der Anlage machen.

Um den Heilgott Asklepios - einen Spätankömmling oder Nachzügler unter den Göttern - bildete sich ab dem 5. Jahrhundert v. Chr. ein mächtiger Kult, dessen Zentrum Epidauros auf der Peleponnes war. Schon bei der Auswahl des Ortes eines Asklepios-Heiligtums wandten die Priester große Sorgfalt an. Was der Mythenforscher Karl Kerény für das Asklepieion auf der Insel Kos feststellt, gilt auch für

Lebena (Lentas): „In Kos steht das Heiligtum auf einer milden und gesunden Anhöhe - landeinwärts, wo die Insel gebirgig zu werden beginnt." (Kerény 1964, 49) Dort musste es vor allem Wasser geben, das durch Brunnenanlagen floss. Wasser wurde aus hygienischen Gründen gebraucht, aber auch weil es ein wichtiges Element der Atmosphäre und des Lebens innerhalb des Heiligtums war. Wasser kam vor allem symbolische Bedeutung zu: Es stellte eine Verbindung mit den Tiefen der Erde dar, hatte also chthonischen Charakter. Die Wirkung des Wassers bleibt aber im Bereich des Wunderbaren. Blinde, so die Altertumswissenschaftlerin Antje Krug, heilt es durch Benetzen der Augen, die Brust und die Füße werden durch Trinken geheilt, „und für manch einen bedeutet allein das Schöpfen des Wassers schon die Heilung". (Krug 1993)

Eine antike Statue des Heil-Gottes Asklepios.

Wenn dem Wasser Heilkraft zugesprochen wurde, dann deshalb, weil es zu Asklepios als chthonischem Gott gehörte. Quellen werden durch ihre Beziehung zum Gott zur Heilquelle. Der Gedanke, dass Wasser als Mineral- oder Thermalwasser heilende Wirkung haben könnte, war den Griechen unbekannt. Wichtig für die Auswahl eines Ortes für ein Asklepios-Heiligtum war auch die innere Ruhe der Landschaft, etwa die Stille eines Hains, denn ein solcher Ort sollte ja vor allem dazu in der Lage sein, die Konzentration des Geistes ganz auf den heilenden Gott zu richten. Die Wahl für einen solchen Ort wurde deshalb als göttliche Fügung ausgegeben, es lag ihm also ein religiöser Sinn zugrunde.

Da viele Asklepios-Statuen erhalten sind, kann man sich heute ein gutes Bild davon machen, wie sich die Griechen diesen Gott vorgestellt haben: als einen würdevollen älteren bärtigen Mann, dessen Gesicht nicht nur Milde und Menschenfreundlichkeit ausdrückt, sondern auch ein gewisses Leiden, das er selbst erfahren und das ihn dazu gebracht hat, die Aufgabe zu erkennen, andere zu heilen. Diese menschlichen Züge unterscheiden ihn stark vom Aussehen der anderen Götter, das kaum Gefühle erkennen lässt, sondern in ihrer olympischen Ruhe eher etwas Typisches und Unpersönliches haben. Immer verkörpert Asklepios - auch in seiner etwas vorgebeugten Haltung - die Nähe und Hinwendung zu seinen Kranken, immer steht er da, als hätte er viel Zeit für seine Patienten und wollte bei ihnen verweilen.

Stets stützt er sich auf einen Stab, an dem sich eine Schlange emporwindet. Der Psychotherapeut C. A. Meier hält diesen Stab für einen Baumstamm, die Schlange würde dann den Bewusstwerdungsprozess darstellen, den der Patient in der Begegnung mit dem Gott erlebt. Natürlich ist der Stab wie später das Zepter der Könige ein Attribut der Autorität des Gottes. (Meier 1949)

Das Symbol der Schlange ist uralt. Sie ist die Inkarnation erdgebundener Gottheiten, bisweilen verwandelt sich der Gott selbst in dieses Tier, dem heilende Kräfte zugeschrieben werden. Ihre Fähigkeit zur Verjüngung (Häutung) symbolisiert die Loslösung von der Krankheit, also Lebenserneuerung und Wiedergeburt. Nicht zuletzt ist die Schlange auch ein Phallussymbol, das Asklepios bei unfruchtbaren Frauen einsetzt. Immer gehört ein Hund zu seiner Begleitung. Auch diesem Tier werden enge Verbindungen zu den Erdgöttern nachgesagt. Es übt Wächterfunktion aus, kann aber ebenso heilen wie die Schlange, zumeist indem es mit seiner Zunge die kranken Körperteile beleckt. Asklepios' Schlange ist ein gutartiges Tier, eine ungiftige Baumschlange.

Neben seiner Tochter Hygieia, dem Wunschbild der vollkommenen Gesundheit, die aber nie in den Heilungsprozess eingreift, sondern ihn nur begleitet, hat Asklepios noch einen weiteren Beistand: Telesphoros - ein zwergen- oder kindhaftes Wesen, das dicht in einen Kapuzenmantel gehüllt ist. Seine Aufgabe ist es, wie sein Name sagt, die Heilung zum guten Ende zu bringen. Auch er ist eine Verkörperung der Erde verbundener Kräfte, denn vollbringen kann auch den Tod bedeuten. Telesphoros hatte unter seinem Mantel - als Symbol der Fruchtbarkeit und des Lebens - riesige Genitalien; bisweilen wurde er als Statue auch als aufrechter Phallus dargestellt. Noch ein anders Symbol hat Asklepios stets um sich: einen Omphalos, einen Nabel - das Symbol Delphis. Es drückt das enge Verhältnis zu seinem dort residierenden Vater Apoll aus.

Entscheidend für die Heilung war das Erscheinen des Gottes

Was hatte ein Kranker nun zu tun, wenn er sich in die Obhut des Gottes in Lebena begeben wollte? Zunächst: Die Leidenden kamen mit großen Erwartungen zu den Stätten des Gottes. Die lange beschwerliche Reise und die Loslösung vom gewohnten Alltag hatten ihr Verlangen nach Heilung angefacht, ihr Glaube und ihr Gesundungswillen sowie die Stille des Heiligtums und die anmutige Natur ringsum taten ein Übriges, die Hilfe suchenden Menschen auf das Kommende einzustimmen. Nach genau festgelegten Regeln mussten sie ihre Gewänder und sich selbst reinigen und am Altar Opfer bringen. Die Reinigung wird auch als Bad stattgefunden haben. Nach antiker Vorstellung hatte ein solches Bad insofern reinigende Wirkung auf Körper und Seele, weil es die Kontamination - Verschmelzung, aber auch Verunreinigung - der Seele mit dem Körper auflöst und so den Geist freimacht für einen Kontakt mit dem Gott, d. h. unbeschränkte Traumerlebnisse ermöglicht.

Man musste zum Gang in das Abaton oder Adyton des Tempels - ein Raum, der von Unbefugten nicht betreten werden durfte - berufen sein, was auf den Mysteriencharakter des Kultes hinweist. Wer sich nicht an die Regeln hielt oder nicht an Asklepios und seine Fähigkeit zu helfen glaubte, dem verweigerte der Gott die Behandlung. Am Abend wurde der Kranke in das Abaton, in Lentas in die Stoa, geführt, wo er den Tempelschlaf (Inkubation) erlebte. Man lag auf einem Lager, völlig isoliert und sich selbst überlassen. Die äußere Stille sollte die innere Sammlung begünstigen. Die Priester, die keine Ärzte waren, hielten sich bei der ganzen Prozedur zurück, schalteten sich nicht in den Heilvorgang ein. Ihre Aufgabe bestand darin, günstige Bedingungen für die Arbeit des Gottes zu schaffen.

Nun kam es darauf an, den richtigen Traum zu haben. Ob dies eintrat, entschied sich von selbst, indem der Patient geheilt erwachte. Geheilt wurde der Inkubant, wenn er im Traum eine Epiphanie (Erscheinung) des Gottes erlebt hatte. Der Gott erschien dann, so wie ihn seine Kultbilder darstellen, als bärtiger Mann, oft aber auch als Schlange und Hund. In seiner Begleitung befanden sich zumeist seine Tochter Hygieia, Telesphoros, seine Schlange und sein Hund.

Wie der Gott bei der Behandlung vorging, beschreibt Antje Krug so: „Die leichte Berührung der ‚Handanlegung' ist schon das Äußerste an Wunderbarem, was im Abaton geschah. Der Gott hilft allein durch die Macht seiner Gegenwart, was kein Sterblicher nachvollziehen kann. In den meisten Fällen aber verfährt der Gott so, wie es die Kranken von den Ärzten gewohnt waren: Asklepios fragt seinen Patienten nach seinem Leiden, untersucht ihn, operiert oder behandelt ihn auf andere Weise, gibt ihm Medikamente und Anweisungen, wie er sich später verhalten soll." (Krug ebd.) Oft kommt die Heilung auch zustande, indem die Schlange oder der Hund den kranken Körperteil berühren. Wissenschaftler vermuten, dass die Asklepios-Priester auch Drogen bei den Klienten einsetzten, um die Erscheinung des Gottes möglich zu machen.

Aus Lebena ist Folgendes überliefert: „Entweder operierte Asklepios den Kranken, wie den Demandros aus Gortys, der an Ischias litt, oder er behandelte auf seine eigentümliche Art.

So setzte er der Frau des Phalaris aus Lebena einen Schröpfkopf auf den Leib, um der Kinderlosigkeit des Paares abzuhelfen. Poplios Granios Rouphos war ein langwieriger Patient, der an Bluthusten und Schulterschmerzen litt. Ihm verordnete der Gott vielfältige Heiltränke - Wein, Honig, Harz, Quitten und Feigen und nicht zuletzt Asche vom Altar des Gottes". (Krug ebd.) In der Frühzeit des Kultes galt man schon als unheilbar, wenn sich die Epiphanie des Gottes nicht schon in der ersten Nacht einstellte. Später konnten die Patienten auch länger im Abaton bleiben, bis sie den richtigen Traum hatten.

Entscheidend für die Heilung war die Epiphanie des Gottes: Das Ereignis der *Heilwendung*, ein Begriff von Kerény, lag im Traum selbst, der als Eingebung des Asklepios, als Orakel oder Botschaft aufgefasst wurde. Der Besuch eines Asklepios-Heiligtums war so gesehen kein Arztbesuch, wie er heute üblich ist, sondern wie der Psychotherapeut Alphonse Maeder schreibt, ein Gang „zur Heilung selbst in ihrer unvermittelten nackten Ereignishaftigkeit, wie sie schon bald in erhabenen, bald auch in drastischen Traumgesichtern erlebt wurde". (Maeder 1957) Dem lag natürlich eine völlig andere Auffassung des Traumes zu Grunde, als sie heute unter Therapeuten Konsens ist: Der Traum war für die Griechen eine bedeutungsvolle und unmittelbare Quelle des Wissens. Sie suchten im Traum die Antwort auf brennende und schwierige Fragen. Die Griechen erkannten in ihm die eigentliche Stimme des Heilgottes Asklepios, eine Äußerung des göttlichen Ratgebers.

Der reiche Grieche Aristidis, der um die Mitte des 2. Jahrhunderts n. Chr. lebte und insgesamt zehn Jahre im Asklepieion von Pergamon zubrachte, weil er dort auf die Heilung durch den Gott wartete, hat sehr genau aufgeschrieben, was er erlebt hat. Er schildert sein Epiphanie-Erlebnis so: „Es war so, als ob man ihn (den Gott, d. Verf.) berührte, eine Art Bewusstsein davon, dass er in Person anwesend war; man schwebte zwischen Schlaf und Wachsein, man wünschte die Augen zu öffnen, und hatte doch Angst, er könne sich bald zurückziehen; man lauschte und hörte Dinge, manchmal wie im Traum, manchmal wie im wachen Zustand; die Haare standen zu Berge; man schrie und fühlte sich glücklich; das Herz schlug höher, aber nicht aus Überheblichkeit. Welcher Mensch könnte solches Erlebnis in Worte kleiden? Aber jeder, der es mitgemacht hat, wird meine Erfahrung teilen und diesen Seelenzustand kennen." (Krug 1993)

Eine große Rolle scheint in den Asklepios-Heiligtümern bei der Behandlung auch die Musik gespielt zu haben. Die Griechen wussten seit Pythagoras (um 570 bis 510 v. Chr.) sehr genau über die heilenden Kräfte der Klänge Bescheid. „Melodien und Rhythmen gelangen möglichst nahe zur Wahrheit des Göttlichen", war griechische Überzeugung. Musik war zudem das ureigene Gebiet Apolls, des Vaters des Asklepios. „Dass in den Asklepieien Musik gemacht wurde, ist übrigens eine der wenigen überlieferten Angaben über den Kult. Insbesondere werden Chöre erwähnt." (Meier 1949) Diese sangen Paiane, Hymnen an Apoll vornehmlich begleitet von Instrumenten wie Kithara und Flöte. Auch Dramen werden in den Heilzentren aufgeführt worden sein, alle größeren Asklepieien besaßen Theater - wie etwa das berühmte von Epidauros. Die Erschütterungen, die Tragödien auf die Gemüter hatten, waren so mächtig, dass sie seelische Sperren lösen und so zur Katharsis, zur Heilung und zur Neugeburt beitragen konnten. Theater war im antiken Griechenland nicht Unterhaltung, sondern Teil des religiösen Kults.

Der Gott operierte nicht wirklich

Immer wieder wird auf den in den Asklepieien gefundenen Inschriften berichtet, der Gott habe operiert. Das hat zu vielerlei Spekulationen darüber Anlass gegeben, welchen Stand die Medizin in diesen Zentren erreicht hatte. Es sind Spekulationen, mehr nicht. Ein Beispiel aus Epidauros. In einem Bericht heißt es: „Arata von Lakonien, Wassersucht. Für sie schlief ihre Mutter (man konnte in schwierigen Fällen, bei denen ein eigenes Kommen unmöglich war, Ersatzpersonen ins Abaton schicken, d. Verf.), während sie selbst in Lakedämon (Sparta,

d. Verf.) war, und sieht einen Traum: Sie träumte, der Gott schneidet ihrer Tochter den Kopf ab und hängte den Körper auf mit dem Hals nach unten; als viel Flüssigkeit ausgeflossen war, habe er den Körper abgehängt und den Kopf wieder auf den Hals aufgesetzt. Nachdem sie diesen Traum gesehen hatte, kehrte sie nach Lakedämon zurück und traf ihre Tochter gesund an. Diese hatte denselben Traum gesehen." (Krug 1993)

In einem Gedicht des Dichters Pindar (um 520 bis 445 v. Chr.) heißt es: „Wie viele nun auch kamen, am Leib ein Geschwür,/ das von selbst wuchs, oder die Glieder verletzt durch/ graues Eisen oder durch/ den weithin geschleuderten Stein,/ oder durch Sommersglut oder den Winter versehrt/ am Körper: die macht' er von der, andere von/ jener Qual frei/, manche behandelnd durch sanften Zauberspruch,/ andere mit heilendem Trank oder Salbverbänden um die Glieder rings,/ andere bracht' er durch Schneiden auf die Beine." (Dönt 1986)

Dennoch wäre es eine völlige Verkennung des Asklepios-Kultes zu unterstellen, der Gott habe richtige Operationen durchgeführt. Sie gehören - ganz wörtlich verstanden - in das Reich der Träume wie alles in seinem göttlichen Heilhandeln. Meier schreibt denn auch mit Hinweis darauf, dass die Priester durch das Los bestimmt wurden und keinerlei ärztliche Qualifikation besaßen: „Außerdem wären wohl alle Patienten umgekommen, wenn die chirurgische Tätigkeit, welche in den Träumen der Inkubanten blühte, konkretistisch missverstanden worden wäre." (Meier 1949) So gesehen besteht auch keinerlei Anlass zu der Vermutung, die Priester hätten im Schutze der Nacht im Abataon, vielleicht unter Einsatz von Hypnose oder betäubenden Drogen, Operationen an den Patienten ausgeführt, sodass man also auf diese Weise Heilerfolgen oder Wundern nachgeholfen hätte. Außerdem sind in keinem der Asklepios-Heiligtümer Instrumente oder Geräte gefunden worden, die auf Operationen hinwiesen.

Dennoch gibt es eine Fülle von Berichten über Heilerfolge, die auf Votivtafeln aufgezeichnet sind, wobei die Priester sie offenbar in geschickter Weise nach einem bestimmten Schema redigiert haben, sodass sie auch eine Werbung für das jeweilige Heilzentrum darstellten und zugleich auch die Bereitschaft der Kranken erhöhten, sich heilen zu lassen. So lautet z. B. ein Bericht aus Epidauros: „Nikisibule von Messene schlief, um Kindersegen zu erhalten, im Heiligtum und sah einen Traum. Es träumte ihr, der Gott sei mit einer Schlange, die ihm folgte, zu ihr gekommen, mit dieser habe sie verkehrt. Und daraufhin empfing sie übers Jahr zwei Knaben." (Maeder 1957)

Ein anderer Bericht: „Ein Mann war von einem bösartigen Geschwür am Fußzehen in schlimmer Verfassung. Er wurde am Tag von den Dienern herausgebracht und saß auf einem Sessel. Als ihn der Schlaf ergriff, kam eine Schlange aus dem innersten Gemach des Heiligtums, heilte seine Zehe mit der Zunge und zog sich eben dahin zurück. Als er aufwachte und gesund war, sagte er, er habe ein Gesicht gesehen, es habe ihm geträumt, dass ein Jüngling von schöner Erscheinung eine Arznei auf die Zehen aufgestrichen habe." (Maeder ebd.)

Wirklich operiert wurde aber im Heilzentrum des Hippokrates (460 bis 377 v. Chr.) in Kos. Diese medizinische Richtung leitete sich auch von Asklepios her. Der Gott wurde hier zum Stammvater der Asklepiaden, einem Familienorden von Ärzten, der über viele Generationen hier herrschte. Auch für Hippokrates stammten die Krankheiten noch von den Göttern, aber er säkularisierte die Medizin und stellte sie auf den Boden empirischer Ursachen. Die hippokratische Schule studierte die Entstehung und den Verlauf von Krankheiten, der Arzt spielte nun eine führende Rolle, er ging aktiv-denkerisch und praktisch-wissenschaftlich vor, indem er über die Stufen Diagnose, Prognose und Therapie ein medizinisches System entwickelte. Behandelte Asklepios Kranke, behandelte die hippokratische Medizin Krankheiten. Der Arzt beobachtete, erklärte und versuchte heilend Einfluss zu nehmen. Diese Methode war der Anfang der wissenschaftlich betriebenen Medizin.

Beide Richtungen der Medizin - der Kult des Asklepios und die wissenschaftliche Medizin des Hippokrates, die aus der griechischen Naturphilosophie hervorging - entstanden zur selben Zeit etwa am Ende des 5. Jahrhunderts v. Chr. Neue

Kulte treten immer dann auf, schreibt Antje Krug, wenn der herkömmliche Glaube seelische Bedürfnisse der Menschen nicht mehr zu befriedigen vermag. Krankheit, Verletzung und Tod seien in den größer werdenden städtischen Gesellschaften des antiken Griechenlands dieser Zeit nicht mehr als persönliches Einzelschicksal erfahren worden, sondern das Problem habe sich durch die Leiden vieler Menschen multipliziert und sei ein allgemein politisches geworden. Die wissenschaftlich orientierte Medizin habe es allein nicht lösen können. So fehle im Hippokratische Eid z. B. der Satz, dass der Arzt jedem, der Hilfe benötige, auch wirklich helfen müsse. Diese Lücke habe der Asklepios-Kult gefüllt.

Der Esoterik nahestehende Therapeuten, die der Schule von Carl Gustav Jung nahestehen, nehmen auch heute noch die Heilungen des Gottes sehr ernst und erklären sie folgendermaßen: „Das Erscheinen des Asklepios, der heiligen Schlange, die im Traum vollzogene Handlung (z. B. das Lecken der Wunde durch die Schlange oder eine Heilhandlung des Asklepios selbst) haben die Bedeutung einer Wendung im Krankheitsprozess. Vom Innern, von einer überindividuellen Seite her, durch Lichtgestalten sichtbar gemacht, strömt eine Kraft ins Bewusstsein, die eine Umstimmung bewirkt (das Aufleuchten eines urtümlichen Bildes aus dem Kollektivunbewussten). Ein dynamischer Faktor - im griechischen Glauben als Epiphanie des Heilgottes aufgefasst - setzt ein, der die ‚Heilwendung' herbeiführt.“ (Maeder ebd.)

Diese Therapeuten versuchen die Heilung mit religiösen Begriffen zu erklären: „Es ist eine alte religiöse Erfahrung, dass wenn der Mensch passiv wird, Gott aktiv werden kann. Natürlich muss man dem Ausdruck ‚passiv‘ einen positiven Inhalt geben, etwa rezeptiv. Wachsamkeit ist Rezeptivität. Das ganze Vorgehen in Epidauros (wie in Lentas, d. Verf.) war bestimmt darauf angelegt, die richtige ‚Empfänglichkeit‘ des heilsuchenden Kranken zu erhöhen, wodurch die tiefsten Schichten in der Seele ihre heilenden Potenzen, ihre aufbauenden Möglichkeiten verwirklichen konnten. Im gegebenen Augenblick greift also der Heilgott ein, als ob die vernichtende Kraft, die sich in der Krankheit auswirkt, sich in eine heilende verwandeln oder von einer heilenden Kraft abgelöst würde. Die verhüllte Knabengestalt des Telesphoros und die aufleuchtende Sonnenkraft der jugendlichen Gestalt Apolls drücken diesen Übergang, die Wendung aus. Sie sind Symbole numinoser Ordnung und als solche ‚mana'-geladen; sie bewirken den Aufgang, die Befreiung." (Maeder ebd.)

Asklepios lebt - zumindest in einer Theateraufführung

Die rührige Kulturgesellschaft der Dörfer Lentas, Miamou und Vasiliki, die auch den Namen des Gottes trägt, hat Asklepios für einen Abend zu göttlichem Leben erweckt. Auf der kleinen Platia von Lentas probten im September 2021 Schauspieler Tage lang ihren großen Auftritt, Kulissen wurden aufgebaut, Scheinwerfer und Lautsprecher installiert, Stühle für das Publikum aufgestellt. Dargestellt werden sollte das Ritual, das oben im Tempelbezirk - nur weniger Schritte entfernt - von den Priestern des Gottes vollzogen wurde.

Und dann die Vorführung an einem wunderbar milden Septemberabend. Ein Asklepios-Priester steht im langen, weiten weißen Gewand auf den obersten Treppenstufen des Tempels, neben ihm Asklepios - rot gewandet und dem Publikum den Rücken zugekehrt. Eine Gruppe von Frauen erscheint, den Körper und den Kopf von weißen Tüchern umhüllt. Stolz und würdig schreiten sie vor dem Priester und dem Gott auf und ab, dann verfallen sie in einen tranceartigen Tanz, ihre Leiber ekstatisch windend, reißen sie die Arme immer wieder gen Himmel, dabei singen sie in rauschhaft-mantraartiger Wiederholung eine magisch eingehende Melodie ohne Worte, die auf und ab geht, auf und ab.

Plötzlich ändert sich die Szene. Die Frauen werfen sich klagend auf den Boden, hämmern mit den Fäusten darauf und schreien von Angesicht zu Angesicht ihre Schmerzen und ihr Leid heraus. Dann versinken sie in Schlaf. Asklepios hat das

Klagen vernommen, dreht sich um und schreitet mit seinem Schlangenstab respektheischend immer sieben Mal auf den Grund stoßend, mitten unter die schlafende Frauengruppe. Der Priester hat eine Schale mit Öl angezündet und folgt damit dem Gott, der beruhigend auf die Frauen einspricht. Dann trägt der Priester eine große tönerne Kanne, die mit Wasser gefüllt ist, und gießt das heilige Nass in ein großes Becken aus Ton, das schon Wasser enthält. Eine Frau steigt in ihren weißen Gewändern hinein und beugt dann sitzend den Kopf tief über das Wasser. Das Ritual ist damit vollzogen, die Heilung und die Katharsis sind erreicht. Die Scheinwerfer erlöschen.

Soweit die moderne Deutung des Asklepios-Mythos am Ort des antiken Geschehens...

Achtes Kapitel

Enthält der Diskos von Phaistos eine Hymne an die Göttin Astarte-Aphaia-Diktynna?

Der Diskos von Phaistos ist eines der größten archäologischen Rätsel der jüngeren Geschichte. Seit er am 3. Juli 1908 in einem kleinen Raum im Nordosttrakt des sogenannten alten Palastes von Phaistos gefunden wurde, haben Generationen von Wissenschaftlern versucht sein Geheimnis zu lüften. Das Unternehmen gestaltet sich deshalb so schwierig, weil dieses Fundstück das einzige seiner Art ist, dessen Zeichen und Symbole - von ganz wenigen Ausnahmen abgesehen - sich sonst in der minoischen Kultur nicht nachweisen lassen.

Der Diskos ist eine doppelseitig mit Stempeln in Ton beschriebene Scheibe, die im Durchmesser zwischen 15,8 und 16,6 Zentimetern variiert. Die aus Zeichen (Piktogramme) bestehende Inschrift verläuft auf beiden Seiten auf einer mehrfach gewundenen Spirale: Insgesamt ist die Scheibe mit 242 Token (Folge zusammengehörender Zeichen) beschriftet (123 auf der Vorderseite und 119 auf der Rückseite). Sogenannte Feldtrenner (vertikale Linien) gliedern die Zeichen in 61 unterschiedlich große Gruppen. Als Zeit für die Entstehung des Diskos wird von den meisten Forschern die Zeitspanne von 1850 bis 1550 v. Chr. angegeben.

Der Diskos von Phaistos, der der Wissenschaft immer noch Rätsel aufgibt.

Der gelehrte Streit hatte sich mit mehreren wichtigen Fragen auseinanderzusetzen: Handelt es sich bei den Zeichen um eine Bilder-, Silben- oder Buchstabenschrift oder um eine Mischform? Welche Sprache verbirgt sich hinter dem Diskos? Es wurden folgende Möglichkeiten erwogen: indogermanisch/indoeuropäisch, luwisch (ein während der Bronzezeit in West-Kleinsasien und Syrien lebendes Volk), hethitisch, semitisch, ein frühes Griechisch, das minoische Linear A oder das mykenische Griechisch wie in den Linear-B-Texten. Schließlich ist das Problem von großer Bedeutung, ob die Zeichen - entlang der Spirale - von innen nach außen (Rechtsläufigkeit) oder von außen nach innen (Linksläufigkeit) gelesen werden müssen.

Diese wenigen und sicher nicht vollständigen Angaben demonstrieren, wie kompliziert jeder Interpretationsversuch des Diskos ist. Dennoch hat es eine große Zahl von Gelehrten und selbst ernannten Experten - seriösen wie unseriösen - auf sich genommen, das Rätsel zu lösen. Die Ergebnisse ihrer Arbeiten widersprechen sich zum Teil erheblich, was wohl belegt, dass es eben keine gemeinsam akzeptierten Kriterien bei dieser Problematik gibt. Die Skala der Resultate reicht von ernstzunehmenden Forschungsansätzen, windigen Spekulationen bis zu esoterischen Spinnereien (etwa: der Diskos enthalte eine Botschaft von Atlantis) bis zu dem Eingeständnis einiger Wissenschaftler, dass sie nicht glauben, dass man je hinter das Geheimnis des Diskos kommen könne. Und auch der Verdacht, dass es sich bei der Scheibe um eine geschickte Fälschung handele, machte die Runde.

Ernstzunehmende Interpretationsversuche kreisen aber immer um den Mythos bzw. die Religion, was im Folgenden an zwei Beispielen gezeigt werden soll. Der norwegische Linguist und Experte für altorientalische Sprachen, Kjell Aartun, behauptet, dass die führende Gesellschaftsschicht im minoischen Kreta aus Semiten bestand. Der Inhalt des Diskos steht deshalb für ihn in der Tradition altsemitischer/altorientalischer Ritualtexte. Deren Hauptgegenstand ist der „erfolgreiche Vollzug der körperlichen Vereinigung, ein rituelles Geschehen, das (...) meist durch die Initiative der kultischen Partnerin zustandekommt." Auch im Stil entdeckt Aartun noch eine sexuelle Spannung; er findet ihn „lebhaft und lebendig, erregt und erregend". (Aartun 1992) Da stellt sich unmittelbar die Assoziation an die minoische Mutter- oder Fruchtbarkeitsgöttin ein, die immer im Frühjahr, wenn die Natur sich erneuerte, mit ihrem jugendlichen Liebhaber die *Heilige Hochzeit (ieros gamos)* beging.

Der Tübinger Derk Ohlenroth sieht als sprachlichen Hintergrund des Diskos das Alt-Griechisch an. Er glaubt, dass der Diskos nur für den kultisch-religiösen Gebrauch bestimmt sei und seine hoch differenzierte Lautschrift quasi einen Geheimcode zum Inhalt habe. Ohlenroth sieht in dem Diskos-Text „die gesamte Spannbreite des griechischen Götterkosmos zusammengefasst - eine Beschwörung des Götter-Pantheons. Denn Zeus werde dort als „strahlendes Lichtwesen" aufgeführt, die Göttin Demeter und ihr Kult würden erwähnt, und eine Göttin Nyx, die Nacht, werde beschworen. Damit kann nur Persephone, die Tochter Demeters und Poseidons gemeint sein, die im Hades residiert, aber immer zwei Drittel des Jahres bei ihrer Mutter auf der Erde verbringen darf.

Die Handlung, die Ohlenroth ausmacht, findet allerdings nicht auf Kreta statt, sondern in zwei Kultheiligtümern auf der Peleponnes. Er erklärt diese örtliche Verlagerung mit der Angst der Kreter nach der ersten Eruptionsphase des Santorin-Vulkans. Geflüchtete Bewohner Theras oder Kretas könnten ausgewandert sein und großes Interesse an einer Beschwichtigung der Götter gehabt haben. (Ohlenroth 1996)

Aufsehen hat in den letzten Jahren der Interpretationsansatz des britischen Altphilologen und klassischen Archäologen Gareth Owens gefunden, den er zusammen mit dem Phonetiker John Coleman unternommen hat. Owens gibt an, 99 Prozent des Textes lesen zu können und über 50 Prozent entziffert zu haben. Diese lediglich 50 Prozent sind auch der Grund, dass er noch keine Gesamtdarstellung seiner Arbeit vorgelegt hat. Er will wohl erst bei 100 Prozent an die Öffentlichkeit treten. In Vorträgen hat er aber schon Einblick in seine Arbeit gewährt.

Owens konstatiert: Der Diskos von Phaistos sei in minoischer Schrift geschrieben, die die minoische Sprache aufzeichne. Die Zeichen seien das beste Beispiel für *kretische Hieroglyphen*. Es handele sich aber nicht um eine Bilderschrift wie im alten Ägypten, sondern um eine Silbenschrift wie das minoische Linear A.

Auf die Frage, wie die minoischen Schrifttypen zusammenhängen, sagt Owens: „Linear A, das in den Palästen für Verwaltungsangelegenheiten verwendet wird, die sogenannten kretischen Hieroglyphen und der Diskos sind drei Versionen derselben minoischen Schrift. Das einzige, was sich ändert, sind die Schriftarten. Die Scheibe von Phaistos ist nicht etwas völlig Fremdes - von einem anderen Planeten. Das ist, glaube ich, der Fehler, den man seit über einem Jahrhundert gemacht hat. Die Welt sah etwas, das sie nicht verstehen konnte. Warum haben wir nur eine einzige Methodik des Vorgehens für mykenisches Linear B, minoisches Linear A und ‚kretische Hieroglyphen'? Wir sollten eine einzige Methodik für die minoische Schrift haben. Und das habe ich so gehandhabt. Ich sage deshalb: Der Diskos von Phaistos ist eine minoische

Schrift in Form eines Textes aber auch ein Kunstwerk. Das ist seine Faszination. Für mich ist der Diskos von Phaistos die Bibel des minoischen Kretas.“ (Owens 2019)

Interessant ist in diesem Zusammenhang also der mythisch-religiöse Gehalt, den Owens in dem Diskos-Text zu erkennen glaubt. Der gesamte Text auf der ersten Seite der Scheibe ist ihm zufolge eine Hymne an die schwangere Gottheit und Göttin Aphaia. Zu dieser Auffassung sei er durch einen Satz auf der Rückseite gekommen, der sich auf diese Gottheit beziehe, die aus dem minoischen Kreta bekannt sei, wo Aphaia mit Diktynna, der Gottheit der Geburt, identisch sei. Aphaia werde aber auch mit dem Licht in Verbindung gebracht; es könne sich hier auch um Astarte oder Aphrodite handeln. Owens ist überzeugt, dass Aphaia als die Gottheit der Geburt auf der Rückseite der Scheibe auch mit der schwangeren Gottheit auf der ersten Seite verwandt ist.

Owens Ausführungen sind ein gutes Beispiel dafür, wie flexibel und variabel der Mythos mit seinen Gestalten umgeht und wie groß die gegenseitige Einflussnahme ist. Astarte war die Himmelskönigin und Liebesgöttin mehrerer westsemitischen Völker. Im antiken Griechenland war sie zusammen mit Aphrodite als die Königin der Seefahrer bekannt. Aphaia war ursprünglich eine kretische Göttin, sie führte auch die Namen Britomartis oder Diktynna. Sie wurde auf der Insel Ägina unter dem Namen Aphaia verehrt. Man muss in dem Zusammenhang mit der schwangeren Gottheit sicher auch an die minoische Fruchtbarkeitsgöttin denken und ihr Erscheinen mit ihrem jungen Liebhaber im Frühjahr.

Owens ist überzeugt, dass der Diskos einen religiösen Text enthält und fügt hinzu: „Ich vermute, dass die Scheibe eine Hymne für Astarte, die Göttin der Liebe ist. Wörter, wie die auf dem Diskos erwähnten, wurden auch auf minoischen Opfergaben gefunden.“ (Owens ebd.) Dennoch bleibt er mit seinen Äußerungen zurückhaltend. Er will erst die restlichen fünfzig Prozent des Textes entschlüsseln, bevor er sich endgültig festlegt. Er hat auch keine Angst davor, sagt er, seine Theorien noch zu revidieren.

Neuntes Kapitel

Ein Besuch des Diktynna-Heiligtums auf der Halbinsel Rodopou oder: Was ist von der großen mythischen Tradition auf Kreta geblieben?

Ich hatte von der unberührten Schönheit der Halbinsel Rodopou und ihrem Diktynna-Heiligtum gelesen und wollten diesen als so idyllisch geschilderten mythischen Ort unbedingt aufsuchen. Die offenbar schon auf dem Diskos von Phaistos erwähnte Diktynna war - in der späteren griechischen Fassung des Mythos - eine Nymphe, eine Tochter des Zeus und einer Sterblichen. Sie liebte die Jagd und war eine Freundin der Jagdgöttin Artemis, der Schwester Apolls. Sie muss sehr schön gewesen sein, denn Minos, der Herrscher von Knossos, stellte ihr nach und verfolgte sie durch die Wälder und über die Berge Kretas. Auf der Felsklippe an der Spitze der Halbinsel Rodopou hatte er sie erreicht. In ihrer Verzweiflung sprang Diktynna ins Meer, fiel aber in ein Fischernetz und wurde so gerettet.

Nach dem griechischen Wort für Fischernetz (*diktyn*) erhielt sie auch ihren Namen, sie hatte ursprünglich Britomartis geheißen. Artemis soll bei der Rettung helfend eingeschritten sein; sie machte die Nymphe auch zu einer Göttin. Aus Dank diente Diktynna fortan der Jagdgöttin und schützte für die

Kreter Häfen, Fischernetze, die Küsten und das Gebirge. Deshalb wurde für sie auf der Spitze des Kaps von Rodopou ein kleiner Tempel errichtet.

Mit einem Jeep kämpften wir uns auf Rodopou über den holprigen Schotterweg in Richtung Kapspitze durch, ließen uns von neugierig dreinschauenden Wildziegen bestaunen, bewunderten phantastisch-bizarre, fast surreale Felsformationen am Rande des Pfads, ließen einen weit ausgebreiteten grünen Teppich von Olivenbäumen hinter uns, genossen immer wieder den Blick auf das unendliche blaue Meer, auf dem weiße Schiffe kreuzten. Es war ein herrlicher kretischer Sommertag, wie man ihn sich schöner nicht wünschen kann - dazu bestimmt, die Nymphe Diktynna zu ehren.

Am Kap erwartete uns aber ein nicht erwartetes Geschehen. Da lag nicht das Heiligtum in der Stille der idyllischen Natur, dort fand eine echt kretische Parea statt. Im kleinen Tal zwischen den eng beieinander liegenden Felsen drängte sich Wohnwagen an Wohnwagen, Zelt an Zelt und davor Tischrunde an Tischrunde. Die Grills mit Fleisch und Würsten darauf qualmten wie die Opferaltäre in antiken Zeiten. Überall wurde - trotz der heißen Mittagsstunde - kräftig gezecht, begleitet von wildem und fröhlichem Geschrei und Gesang. Generatoren für die Stromerzeugung wummerten brummend vor sich hin, jede Gruppe oder Familie hatte ihre eigene Stereoanlage dabei, deren Lautsprecher alle lärmend - jeder eine andere - plärrende Musik verbreiteten. Ziegen waren auf die Autos geklettert, um an die Blätter an den Bäumen heranzukommen, niemand hinderte sie daran. Zwischen all dem Chaos wuselten juchzend die spielenden Kinder herum.

Ich liebe die Kreter und ihre Pareas, aber an diesem wunderbaren Sommertag wollte ich doch nur der Nymphe Diktynna begegnen. Es war nicht möglich. Ich warf nur einen kurzen Blick auf die Ruinen ihres Tempels und brauste mit meinem Jeep schnell wieder davon. Ich stellte mir nach diesem denkwürdigen Erlebnis die Frage: Wie stehen die Kreter zu ihren Mythen? Kennen sie sie überhaupt noch? Leben die Mythen noch in ihrem Bewusstsein? Sind diese Fragen ganz unangebracht oder nichts anderes als der arrogante Auswuchs eines deutschen Bildungsbürgers? Mir waren an diesem Tag auf jeden Fall Zweifel gekommen.

Aber ich muss den Kretern Abbitte leisten. Ich hatte das große Glück, Maria Hnaraki in Heraklion kennenzulernen. Sie ist Ethnologin und lehrt kretische Volkskunde an der Universität von Philadelphia (USA). Sie hat mir in unseren Gesprächen unendlich viel über die Sitten und Gebräuche der Kreter, ihre Musik und Tänze erzählt, die auf Jahrtausende alten Traditionen beruhen. Von ihr habe ich erfahren, wie tief die Mythen aus minoischer und antiker Zeit im Volk noch lebendig sind. Davon will ich hier berichten, vor allem von einem Fest im Ida-Gebirge zu Ehren des Zeus.

Im Ida-Gebirge sind Zeus und die Kureten noch ganz gegenwärtig

Musik und Tanz haben ihren Ursprung auf Kreta, so wird es in den Mythen erzählt. Rhea, die Mutter des Zeus, habe sie den Kretern geschenkt, als sie ihren kleinen Sohn in der Höhle im Ida-Gebirge oberhalb der Nida-Ebene vor Kronos verstecken musste, als dieser aus Angst, seine Herrschaft an eines seiner Kinder zu verlieren, begann sie zu verschlingen. Die Kureten, priesterliche Diener Rheas (nach anderer Version Satyre oder Berggeister), spielten auf ihren Instrumenten, schlugen dabei mit Speeren auf ihre Schilde und tanzten dabei so wild und laut vor der Höhle, dass Kronos das Geschrei des kleinen Zeus nicht hören konnte.

Psarantonis, Kretas berühmtester Lyra-Spieler und Sänger, stammt aus der kleinen Stadt Anogia im Ida-Gebirge. Er erzählt über die Entstehung der kretischen Musik folgende Geschichte: „Die antike Lyra bestand aus dem Panzer der Schildkröte. Und sie wurde mit vielen Saiten gespielt. Doch der Mythos besagt auch noch dies: Ein Mann stieg von einem Berg herab, einem herrlichen Berg, der Psiloritis heißt. Er durchstreifte ein Feld, auf dem Schafe weideten. Da sieht ihn der Hirte

Kandoteras, der auch ein guter Musiker ist. Kandoteras fragte den Mann: ‚Wohin des Weges, so gedankenversunken? Du siehst so erschöpft aus.' Der Mann, der in Wirklichkeit Zeus war, antwortete: ‚Der Weg vor mir ist sehr weit…'. Und sie mochten einander, und so sagte Kandoteras zu ihm: ‚Komm mit mir, wir gehen zum Mitato, dem Haus der Hirten. Da kannst du trinken und dich ausruhen und ich werde für dich singen, damit du Mut und Kraft schöpfst.' Sie erreichten das Mitato. Nach allen Regeln der Gastfreundschaft bewirtete er Zeus. Und er sang ihm etwas vor. Da sagte Zeus: ‚Ich schenke dir ein Instrument, das du spielen kannst. Und er schuf ihm die Lyra und den Bogen dazu und reichte ihm beides. Kandoteras begann die Lyra zu spielen, und Zeus erhob sich und ging davon, seinem Ziel entgegen. Und die Leute sagen, dass Kandoteras unaufhörlich die Saiten der Lyra schlug und sang, damit sein Freund ihn höre und Mut und Kraft schöpfe. Seitdem wird die Lyra auf Kreta gespielt, seit der Vorzeit des Zeus." (Kretischer Mythos)

Auch in anderen Mythen wird schon früh von Tanz und Musik berichtet. Theseus kreierte, nachdem er den Minotaurus getötet hatte und mit Ariadne und seinen Gefährten aus Kreta geflohen war, auf Naxos einen Tanz, der den Windungen und Kurven des Labyrinths ähnelte. Und das Schild des Achill, das der geniale Ingenieur und Designer Daidalos zusammen mit Hephaistos gestaltet hatte, war mit Szenen von einem Fest in Knossos verziert, bei dem musiziert und getanzt wurde.

Jedes Jahr Anfang Juli feiern die Hirten von Anogia das Fest des heiligen Hyakinthos. Er war ein Märtyrer, der aus Liebe zu Christus im Gefängnis fastete und so zu Tode kam. Hyakinthos war aber auch eine antike mythische Gestalt, ein schöner Jüngling, in den Apoll sich verliebte. Er tötete ihn aus Versehen mit einem Diskus. Aus dem Blut des sterbenden Jünglings, das sich auf der Erde verteilte, wuchs die Blume Hyazinthe. Apoll bestimmte, dass der Jüngling jedes Jahr durch das Fest der Hyakinthia geehrt wird.

Die Kreter haben die beiden - den christlichen Märtyrer und den schönen Jüngling - zu einer Gestalt vereinigt und den beiden sowie Zeus das Fest gewidmet. Die Bühne für die Zeremonie ist irgendwo oben im wilden Gebirge neben einer Mitata aufgebaut, einem Rundbau aus Natursteinen, den so schon die Minoer gebaut haben. Es muss dunkel sein, die Bühne ist nur schwach beleuchtet. Wenn der Mond aufgeht, wird die Hymne der Kureten vorgetragen, die auch Zeus ehren soll: „Kureten, die ihr springt und im Rhythmus schreitend eure Schilde haltet, und dabei klatschend auf die Schenkel schlagt; wenn ihr von den Bergen kommt, schreit ihr mit bachantischen Stimmen und spielt dabei harmonisch auf der Lyra, schreitet wieder würdevoll und schwingt die Schilde; ihr Wächter und Führer, die euch glänzender Ruhm umgibt, Gefährten des bergigen Erdbodens, wilde Feiernde, schreitet weiter, umschwärmt von den Lobreden, dichter heran zu den Hirten, immer im freudigen Geist."

Nun werden *Hinpani* (Pauken) geschlagen, und die alten Männer tanzen zum Rhythmus des *Pyrrichos* (ein Kriegstanz): drei kleine Schritte zurück, drei große Schritte nach vorn, erst defensiv dann angriffslustig und auf dem Boden stampfend. Andere Männer, die kretische Tracht tragen, treten hinzu. Die Schläge der Pauken dröhnen und hallen als Echo in den Bergen wider. Ein Junge, auch im kretischen Schwarz gekleidet, tanzt sich in den Vordergrund. Er ist heute der junge Zeus und die anderen Männer sind die Kureten, die ihn symbolisch mit ihrem Tanz und den wilden Paukenschlägen im Hintergrund retten.

Immer wieder werden zwischendurch *Mantinaden* gesungen, die kretischen Wechselgesänge zwischen mehreren Personen:

Zeus, du solltest den Kretern gegenüber nachsichtig sein,
denn sie sorgten durch das Schlagen der Pauken dafür,
dass dein Schreien nicht gehört wurde.

Und:
Der kleine Zeus hatte kaum eine Chance zu überleben,
aber die Schilde der Kureten retteten ihn.

Und:

Ich höre hier heute Abend die Vögel fliegen,
es muss die Seele des Zeus sein, die uns hier umschwirrt.

Und:

Von den Gipfeln des Psiloritis hallen die Pauken wider,
ertönen sie, ertönen für dich, Zeus, der du auf Kreta geboren wurdest.

Jetzt spielt eine kretische Musikgruppe - besetzt mit den Instrumenten Lyra, Mandoline, *Askomodoura* (eine Art Sackpfeife) und *Lauto* (eine Langhalslaute). Zwei Schauspieler stellen einen Dialog der Götter dar, einen kurzen Theater-Sketch zwischen Aphrodite und ihrem Lieblingskind Eros. Es wird dazu die Mantinade gesungen:

Ich habe aufgehört mich zu verlieben, das ist - glaube ich - ein Problem,
denn jemand, der nicht liebt, hat keine Hoffnung mehr.

Vassilis Stavrakakis, einer der berühmtesten Musiker und Sänger Kretas, singt - begleitet von den Klängen einer *Toubeleki* (topfartige Trommel, die mit Ziegenhaut bespannt ist) - ein poetisches Lied, das tief in der Vergangenheit wurzelt, aber zugleich auf die Zukunft verweist:

Seid still, dass die Nachricht gehört wird,
von denen, die ihre Wurzeln tief im Boden haben,
die in zerstörten Gräbern liegen,
die Gebeine zerbrochen, gewässert mit verschiedenen Farben,
dass deren Stimme, die die ganze Zeit, all die Jahre gekämpft hat,
sich endlich Gehör verschaffen wird,
die Stimme, die sich hinter ihren Geschlechtern und unzähligen Vorfahren herschleppt,
die Stimme, die mit männlichem Stolz der ganzen Welt erklärt:
dieses Land fürchtet sich nicht, es wird nicht ausgelöscht werden.

Frauen aus dem Dorf reichen heißen Tee mit Raki und Zwieback *(Paximadi)*. Leute aus dem Publikum und Dorfbewohner schließen sich den Tänzern an, die die Kureten darstellen. Dann folgt der Höhepunkt des Festes. Männer aus Anogia kommen auf die Bühne und treten in einen Sänger-Wettbewerb, indem sie improvisierend Mantinaden vortragen. Sie singen:

Kronos wurde getäuscht für viele Tage und Nächte,
denn Zeus wuchs heran dank der Kureten.

Und:
Zeus, du Göttervater, ich rufe Dich heute Nacht an,
Du wurdest auf Kreta geboren, wir werden das nie vergessen.

Alle Tänzer bewegen sich im Kreis. Das Fest schließt mit dem Reigen, mit dem es begonnen hat, dem *Pyrrichos*. Die Festgemeinde zieht dann in ein Restaurant in Anogia, wo es ein echt kretisches Menu gibt. Auf der Tafel, die die Speisen anzeigt, stehen die Worte des Wirtes: „Zeus, Vater der Götter und der Menschen, ich biete heute ein Dinner zum Hyakynthia-Fest an. Ich danke Dir, denn Tausende von Jahren nachdem du hier aufgewachsen bist, bin ich in der Lage - genauso wie die Kureten -, in Deinem Namen zu opfern und ein Trankopfer auszubringen." Und es erklang die Mantinade:

Auch wenn Zeus mythisch ist, ich denke an ihn
als einen realen Gott, der noch viel höher angesiedelt ist.

Ich verdanke diese eindrucksvolle Schilderung des Hyakinthia-Festes Maria Hnaraki, die mehrmals an dieser Zeremonie teilgenommen hat. Als ich mich von ihr verabschiede, versichert sie mir: „Zeus lebt in der Geschichte und im Mythos. Er ist der Zeus des alten Griechenlands und der heutigen Kreter, auch der heute lebenden Christen. Mit Musik und Festen feiern die Kreter ihre Liebe zu ihm. All die großen ‚Stern-Gestalten' (*stars*) kommen herab zur Erde, um sich erneut unseren Feierlichkeiten (*celebrations*) anzuschließen, die Kureten, die idäischen Daktylen (Dämonen im Ida-Gebirge, die als erste Metall bearbeiten konnten, d. Verf.), die Ziege Amaltheia, Minos, Rhadamantis, Epimenides (Dichter und Philosoph des 6. Jahrhunderts v. Chr. der aus Knossos stammte, d. Verf.), Pythagoras, Plato, Euripides und viele andere. Sie allen haben daran mitgewirkt, die Mythen und die historischen Traditionen des Dorfes Anogia und Kretas zu formen - mit Zeus obenan, dem Gott, der jedes Jahr stirbt und als Neuschöpfer wiedergeboren wird."

Ich glaube Maria Hnaraki das aufs Wort und auch, dass die Einwohner von Anogia sich als direkte Nachfahren der Kureten empfinden. Maria fügt noch hinzu: „Alle Elemente der gegenwärtigen lokalen Kultur - Musik, Tanz, Kult, Architektur, Sport und andere Traditionen - führen zurück zu den archetypischen Kulturformen, die 4000 Jahre alt sind. Wie die Hyakinthos-Feier belegt, wollen die Kreter die ständigen Verbindungsglieder zwischen der Vergangenheit und der Gegenwart durch eine chronologische Kontinuität belegen. Sie wollen ihre Tradition unter allen Umständen bewahren."

Sie gibt mir noch drei Mantinaden mit auf den Weg:

Die Nachkommen der Kureten leben in Anogia,
auch nach so vielen Jahren verehren sie den Zeus.

Und:
Die Pauken der Kureten machen viel Krach:
Es scheint, dass du heute Nacht laut geschrieen hast, Zeus.

Und:
Die Pauken der Kureten klingen immer noch nach so vielen Jahren.
Sie setzen die Geschichte fort, mit der die Zivilisation begann.

Zehntes Kapitel

Wo der Zeus aus Pappmaschee noch über ein kleines Reich herrscht

Da sitzt er im roten Mantel auf seinem Thron - die Brust frei - , ein alter gebeugter Mann mit weißem Haar und einem langen Bart und einer Krone auf dem Kopf. In der rechten Hand hält er seine furchtbarste Waffe: den Blitz (er war ja ursprünglich ein Blitz- und Donnergott), in der rechten Hand auf einer Stange sein Machtsymbol: den Adler. Aber das ist nicht mehr der antike Allgott, das denkende Feuer, der Vater der Götter und Menschen, der Schicksalsgott, der vitale Wüstling und Schürzenjäger, der eine Vorliebe für irdische Schönheiten hatte und sich in allerlei Gestalten - auch tierische - verwandelte, um sie zu betören.

Dieser Zeus, der da vor dem Fries eines klassischen Tempels inmitten von jonischen Säulen sitzt, ist ein alter, griesgrämiger und gebrochener alter Mann, dem man die Jahrtausende ansieht, die seit seiner großen Zeit in der Antike vergangen sind. Sorgenvoll schaut er in die Welt, die ihm nicht mehr untertan ist. Die Symbole der Macht sind wertlos, die Zeit ist über ihn hinweggegangen. Die Gipfel des Psiloritis und des Olymp, von wo aus er das Treiben auf der Welt beobachtete, sind leer und nur noch ein beliebtes Ziel für Bergwanderer.

Er selbst und das kleine Reich, das er heute noch überschaut,

Der Göttervater Zeus aus Pappmaschee im Mythos-Park von Psychro auf der Lassithi-Hochebene.

ist ein Reich von bunt angemalten Pappmaschee-Göttern im Mythologiepark im kretischen Dorf Psychro auf der Lassithi-Hochebene. Dort liegt wenige Schritte entfernt auch die Höhle, in der er geboren sein soll. Die große Kunst der Antike und der Renaissance hatten ihn noch grandios in Marmor verewigt, hier müssen er und seine Götterkollegen mit Pappmaschee Vorlieb nehmen. Klopft man gegen ihre Körper und Köpfe, klingt es hohl und leer.

Aber immerhin ist die hierarchische Ordnung des Olymp gewahrt. Zeus sitzt ganz oben und überhöht auf seinem Thron, weit unter ihm stehen in Bogennischen Apoll, Ares, Dionysos, Hephaistos, Hermes, Poseidon, Aphrodite, Artemis, Athene, Demeter und Hera. Den männlichen Vertretern des Olymp fehlt aber wie Zeus das klassische Image ihrer Marmor-Vorgänger; sie schauen alle ein wenig missmutig und steif ins 21. Jahrhundert. Der Pappmaschee-Künstler hatte dagegen ein ausgesprochen erotisch-sinnliches Händchen für die Formung der Frauenkörper, vor allem für Busen und Po der göttlichen Damen. Aphrodite könnte bei jeder Miss-Wahl den ersten Preis gewinnen.

In Zeus' Pappmaschee-Reich im kretischen Psychro liegen der helle, strahlende olympische Himmel und das schaurige, öde Reich des Herrschers der Totenwelt in der Tiefe eng beieinander, in das man von oben einen Blick werfen kann. Aus diesen Gefilden der Verstorbenen, die dort als schattenhafte Wesen weiter existierten, gab es kein Entweichen und keine Rückkehr. Deshalb galt Hades als der grausamste und verhassteste der Götter, weil seine Unerbittlichkeit und Strenge keine Grenzen kannten. In Zeus Pappmaschee-Reich ist dieser König der Totenwelt aber nicht der schreckliche und furchterregende Gebieter. Seine ganze Gestalt - das ernste und strenge aber doch irgendwie Gerechtigkeit ausstrahlende Gesicht, das lange schwarze Haupthaar, das eine Krone ziert, der lange weiße Bart, der goldene schwere Gürtel, der das lila Gewand zusammenhält - ist eher von Würde und Verantwortung für sein hohes Amt geprägt.

Ein Blick in das Totenreich: Hades und seine Frau Persephone im Mythos-Park von Psychro auf der Lassithi-Hochebene.

Seine Frau Persephone neben ihm auf dem Thron schaut traurig vor sich hin - kein Wunder, denn Hades hat sie oben auf der Erde geraubt und gezwungen, mit ihm das Leben im Totenreich zu teilen. Immer im Frühjahr darf sie es verlassen und für eine halbes Jahr zu ihrer geliebten Mutter Demeter auf die Erde zurückkehren. Der Pappmaschee-Künstler hat sie als schöne Frau gestaltet. Der Blick des Betrachters fällt zuerst auf ihr weit geöffnetes Dekolleté, das ihren wohl geformten Busen freigibt. Man kann verstehen, dass Hades den Reizen dieser Frau erlag. Wie die beiden so da sitzen und vor sich hin sinnieren, erinnern sie an ein in die Jahre gekommenes Hippie-Paar, das einst in Woodstock den Höhepunkt seiner tabufreien Flower-Power-Jugend erlebte - wäre da nicht im Hintergrund die furchtbare Fratze des dreiköpfigen Höllenhundes Cerberus, der zähnefletschend und mit Blut unterlaufenen Augen hinter ihnen hervorlugt.

Wie ein junger Hippie in den besten Jahren wirkt dagegen

Poseidon, der gleich neben Zeus und Hades - den Dreizack in der Hand schwingend - sein von zwei übergroßen Seepferden gezogenes Gespann über das mit Wellen angedeutete Meer lenkt. Er war neben seinem Bruder Zeus der mächtigste der Götter, der die Erde erzittern, die Meere gewaltig aufwallen lassen und furchtbare Blitze schleudern konnte. Der fast schmächtige Pappmach-Poseidon mit der dichten langen schwarzen Haarpracht, die direkt in den üppigen Kinnbart übergeht, jagt niemandem Angst ein.

Er ist eher ein Softie der Meere. Als er noch stark und kräftig war, da stritt er auf dem Akropolis-Felsen in Athen mit Athene um die Herrschaft über Attika. Athene gewann den Wettkampf, der unmittelbar vor der Stelle stattfand, wo heute der Erechtheion-Tempel steht, dessen Vordach die berühmten Kyriatiden tragen. Wohl aus diesem Grund ragt neben Poseidon und seinem Gespann eine Nachbildung des Erechtheions in die Höhe, sechs bunt bemalte Pappmaschee-Kyriatiden tragen auch hier das Vordach und blicken stolz und starr in die Ferne, ohne Poseidon direkt unter ihnen auch nur eines Blickes zu würdigen.

Und Kreta? Für die große Insel haben sich die Schöpfer des Pappmaschee-Reiches einen besonderen Clou ausgedacht: Die Mythen der Insel werden in einem dunklen, labyrinthartigen Raum präsentiert. Es bleibt das Geheimnis der Planer, warum sie Kretas Mythen alle in einen fast lichtlosen Irrgarten verlegt haben.

Da liegt der kleine Zeus noch als Baby unter der Ziege Amaltheia in der stalaktitenreichen Höhle auf der Nida-Ebene und trinkt aus ihren Zitzen die Milch, die ihn groß und stark machen wird. Eine Frau - wohl die Mutter Rhea - sieht der Szene zu, zwei behelmte Kureten stehen mit großen Schilden und Klöppeln bewehrt Wache, mit denen sie Lärm machen können, um den kleinen Gott zu beschützen. Kaum zu glauben, dass aus diesem Winzling einmal der mächtige Göttervater auf dem Olymp werden wird. Schon die griechische Lyrikerin Corinna (500 v. Chr.) beschrieb die Szene so:

Die Kureten, sie verbargen
Den erhabenen Spross der Göttin
In der dunklen Felsenhöhle
Vor dem arggesinnten Kronos,
weil die Göttin Rhea ihn entwandte. (Page 1953)

Wie sehr sind Griechenlands Götter gesunken, dass sie sich mit einem Pappmaschee-Dasein begnügen müssen und nicht mehr hochherrschaftlich in Marmor auftreten können! Das trifft auch auf die schöne phönizische Königstochter Europa zu. Ziemlich ratlos und unschlüssig sitzt die Orientalin auf dem Rücken des riesigen weißen Stiers, der mit ihr davontraben will. Sie hält sich mit der rechten Hand am Horn des Bullen fest, aber Freude scheint ihr der Gedanke an einen Ortswechsel nicht zu machen. Oder hat sie die beschwerliche Seereise nach Kreta schon hinter sich und ihr ist speiübel von dem langen Ritt über die Wellen? Vielleicht graut es ihr auch bei dem Gedanken an eine ungewisse Zukunft auf der ihr völlig unbekannten Insel. Sie sieht in jedem Fall nicht sehr glücklich aus.

Hinter Gitterstäben dreht der junge Held Theseus im Labyrinth mit einer Hand am Horn des Minotaurus dessen Kopf so zur Seite, dass er mit dem Schwert im Stil eines Toreros zum tödlichen Stich ansetzen kann. Verzweifelt und ängstlich blickt das Ungeheuer seinen Überwinder an, es weiß offenbar genau, dass seine letzte Stunde geschlagen hat. Eine sehr schöne Ariadne steht draußen vor dem Labyrinth - angespannt und erwartungsvoll, ob der Geliebte wohl lebend aus dem dunklen Irrgarten zurückkommen wird.

Es ist ein heikles Unterfangen, Griechenlands und Kretas mythische Gestalten aus Pappmaschee und auf engstem Raum wiederauferstehen zu lassen. Aber man sollte großzügig und tolerant sein: Das griechische Götterpantheon, ob aus Marmor gefertigt, wie es in den Museen zu sehen ist, oder aus Pappmaschee wie in Psychro, ist ein Beleg für die wunderbare griechische Idee, dass Menschliches und Göttliches einmal sehr eng miteinander verbunden waren. Die Götter hatten

Menschengestalt und Menschen konnten Götter werden. Einen kleinen Hauch von dieser wunderbaren Idee vermitteln selbst noch die göttlichen und heroischen Pappmaschee-Gestalten im Mythologiepark auf der Lassithi-Hochebene.

Danksagung

Einige gute Freunde und Bekannte haben mich bei der Abfassung dieses Buches unterstützt. Ihnen bin ich zu Dank verpflichtet. Zuerst gilt das für die griechische Ethnologin Maria Hnaraki, die an der Universität von Philadelphia (USA) lehrt und wohl die beste Kennerin der kretischen Mythologie und des Volkstums dieser Insel ist. Aus ihren Erzählungen und Ausführungen habe ich sehr viel über Kreta gelernt. Einen großen Dank an meinen kretischen Freund Kostas aus Lentas, der mich immer wieder an seinem großen Wissen über Kreta hat teilhaben lassen und mir entscheidende Tipps gegeben hat. Danken muss ich Rena Bayer (Darmstadt), die mir bei der Literaturbeschaffung geholfen hat. Der Anglist Jochen Ströh (Bremen) hat die in diesem Buch vorkommenden Übersetzungen aus dem Englischen noch einmal begutachtet. Nicht zuletzt danke ich natürlich meinem Verleger Dr. Thomas Balistier, der meinem großen Interesse an der Mythologie Kretas gegenüber sehr aufgeschlossen ist und das Erscheinen dieses Buches möglich gemacht hat.

Literaturverzeichnis

Aartun, Kjell: Die minoische Schrift. Sprache und Texte: Der Diskos von Phaistos. Die beschriftete Bronzeaxt. Die Inschrift der Tarragona-Tafel. Wiesbaden 1992.

Adorno, Theodor W./ Horkheimer, Max: Dialektik der Aufklärung. Frankfurt/Main 1971.

Alexiou, Stylianos: Das antike Kreta. Würzburg 1967.

Alkaios: Fragmente. In: Roeske 2019.

Balistier, Thomas: Der Diskos von Phaistos. Zur Geschichte eines Rätsels & den Versuchen seiner Auflösung. Mähringen 1998.

Baltrusch, Ernst: fu-berlin.de/presse/publikationen/fundiert/2015_01/01c_mythos- Europa/index.html.

Bremmer, Jan N.: Götter, Mythen und Heiligtümer im antiken Griechenland. Berlin 1998.

Bruit Zaidman, Louise/Schmitt Pantel, Pauline: Die Religion der Griechen. Kult und Mythos. München 2002.

Burkert, Walter: Kulte des Altertums. Biologische Grundlagen der Religion. München 1998.

Chaniotis, Angelos: Das antike Kreta. München 2004.

Claudian: Werke. Hg. von Georg von Wedekind. Darmstadt 1868.

Decker, Bernhard: „Europa“ mit Arierpass. In: Salzmann 1988.

Detorakis, Theocharis E.: Geschichte von Kreta. Heraklion 1997.

Dürrematt, Friedrich: Minotaurus. Eine Ballade. Zürich 1985.
Finley, M. I.: Die Griechen. Eine Einführung in ihre Geschichte und Zivilisation. München 1976.
Fox, Robin Lane: Reisende Helden. Die Anfänge der griechischen Kultur im Homerischen Zeitalter. Stuttgart 2011.
Fromm, Erich: Märchen, Mythen, Träume. Reinbek 1949/1951.
Gallas, Klaus: Kreta. Von den Anfängen Europas bis zur kretovenezianischen Kunst. Köln 1988.
Heldmann, Konrad: Europa und der Stier oder der Brautraub des Zeus. Die Entführung Europas in den Darstellungen der griechischen und römischen Antike. Göttingen 2016.
Herodot: 9 Bücher zur Geschichte. Wiesbaden 2011.
Hnaraki, Maria: Cretan Music. Unraveling Ariadnes' Thread. Athen 2007.
Hoffmannsthal, Hugo von: Ariadne auf Naxos. Stuttgart und Berlin. 1911 und 1913.
Homer: Ilias. (Übersetzung: Roland Hampe). Stuttgart 1985.
Ders.: Odyssee. (Übersetzung: Roland Hampe). Stuttgart 1984.
Kafka, Franz: Sämtliche Erzählungen. Frankfurt/Main 1970.
Kallimachos. Hg. von Rudolf Pfeiffer, 2 Bde. Oxford 1949/1953.
Kazantzakis, Nikos: Odyssee. Ein modernes Epos. München 1973.
Ders.: Rechenschaft vor El Greco. Frankfurt/Main-Berlin 1993.
Ders.: Im Zauber griechischer Landschaft. München 1977.
Kehnscherper, Günter: Neue Hinweise der ur- und frühgeschichtlichen Forschung auf dem Wanderweg der Nord- und Seevölker. Hamburg 1963.
Kerény, Karl: Der göttliche Arzt. Studien über Asklepios und seine Kultstätten. Darmstadt 1964.
Krug, Antje: Heilkunst und Heilkult. Medizin in der Antike. München 1993.
Lamm, Ursula: Der Einfluss Nietzsches auf die neugriechische Literatur. Kiel 1970.
Lauffer, Siegfried: Griechenland. Lexikon der historischen Stätten. Von den Anfängen bis zur Gegenwart. München 1989.
Lexikon der Alten Welt, 3 Bde. Frankfurt/Main-Wien 1991.

Maeder, Alphonse: Der Psychotherapeut als Partner. Zürich 1957.

Mann, Thomas: Festrede 80. Geburtstag Sigmund Freud. Wien 1936. In: Imago. Zeitschrift für psychoanalytische Psychologie. Bd. 22, S. 257-274.

Meier, C. A.: Antike Inkubation und moderne Psychotherapie. Zürich 1949.

Nichols, Marianne: Götter und Helden der Griechen. Mythos und historische Wirklichkeit. Bindlach 1975.

Ohlenroth, Derk: Das Abaton des Lykäischen Zeus und der Hain der Elaia. Zum Diskos von Phaistos und zur frühen griechischen Schriftkultur. Tübingen 1996.

Otto, Brinna: König Minos und sein Volk. Das Leben im alten Kreta. Düsseldorf/ Zürich 1997.

Otto, Walter F.: Die Götter Griechenlands. Das Bild des Göttlichen im Spiegel des griechischen Geistes. Bonn 1929.

Ders.: Theophania. Der Geist der altgriechischen Religion. Frankfurt/Main 1979.

Owens, Gereth/Coleman, John. In: Weiss 2019.

Page, D.L. (Hg.): Corinna. London 1953.

Pars, Hans: Göttlich aber war Kreta. Das Erlebnis der Ausgrabungen. Olten und Freiburg 1957.

Pausanias: Reisen in Griechenland. 3 Bde. Zürich 1987.

Payne, Robert: Die Griechen. Das unsterbliche Volk. München 1976.

Peterich, Eckart: Götter und Helden der Griechen. Frankfurt/ Main 1958.

Pindar. Oden. Übersetzt von Eugen Dönt. Stuttgart 1986.

Raeck, Karina (Hg.): Andartis - Monument für den Frieden. Krieg - Widerstand - Versöhnung. Mähringen 2016.

Plinius Gaius Secundus: Fragmente. In: Pauly Realencyclopädie der classischen Altertumswissenschaft (RE). Stuttgart 1951.

Ranke-Graves, Robert von: Griechische Mythologie. Quellen und Deutung. Reinbek 2000.

Renger, Almut-Barbara: Mythos Europa. Texte von Ovid bis Heiner Müller. Leipzig 2003.

Roeske, Kurt: Kreta. Die Insel der Mythen im Spiegel antiker Zeugnisse. Ein kulturhistorischer Reisebegleiter. Würzburg 2019.

Salzmann, Siegfried (Hg.): Mythos Europa: Europa und der Stier im Zeitalter der industriellen Zivilisation. Bremen 1988.

Schadewaldt, Wolfgang: Der Gott von Delphi und die Humanitätsidee. Aufsätze und Vorträge. Frankfurt/Main 1990.

Ders.: Sternsagen. Mit Illustrationen aus dem 18. Jahrhundert. Frankfurt/Main 1976.

Schneider, Beat: Geheimnisvolles Kreta. Erste Hochkultur Europas. Grenchen 2013.

Snell, Bruno/Maehler, Herwig (Hrsg.): Bacchylidis. Stuttgart 1970.

Spanuth, Jürgen: Die Rückkehr der Herakliden. Das Erbe der Atlanter - der Norden als Ursprung der griechischen Kultur. Tübingen 1989.

Strohmeyer, Arn: Das kretische Abenteuer der Elpis Melena. Reisen und Leben unter osmanischer Herrschaft. Mähringen 2019.

Taplin, Oliver: Feuer vom Olymp. Die moderne Welt und die Kultur der Griechen, Reinbek 1991.

Timagenes: Fragmente. In: Ammianus Marcellinus. o.Jg.

Traeger, Burkhard: Das kretische Labyrinth. Rethymnon o. Jg.

Treu, Max: Alkaios. Lieder. München 1980.

Tripp, Edward: Lexikon der antiken Mythologie. Frankfurt/ Main-Wien 1981.

Vegetti, Mario: Der Mensch und die Götter. In: Vernant 1996.

Vernant, Jean-Pierre (Hg.): Der Mensch der griechischen Antike. Frankfurt/Main 1996.

Weeber, Karl-Wilhelm: Hellas sei Dank! Was Europa den Griechen schuldet. München 2012.

Webster, T.B.L.: Von Mykene bis Homer. München/Wien 1960

Weiss, Siggi: Der Diskos von Phaistos - eine Hymne an die Göttin Aphaia? Travellikegodness 2019.

Wyneken, Gustav: Abschied vom Christentum. Ein Nichtchrist befragt die Religionswissenschaft. Reinbek 1970.

Fotonachweis

Alle Fotos © Arn Strohmeyer, nur Foto S. 54 © Burkhard Traeger.